JN085909

ADR／メディエーションの理論と臨床技法

和田 仁孝
中村 芳彦
山田 恵子
久保 秀雄

著

Theory and Clinical Skills on ADR/Mediation

北大路書房

はしがき

　本書は，わが国の様々なADR機関（裁判所調停から民間ADRまで）において，実務に携わっている方，また，将来の実務にかかわる可能性に向けて，参考になるスキルや考え方，背景の理論を解説したものである。

　これまでのADR実務に関する書物とは違って，とりわけ，民間ADRの中心となる合意型ADRを念頭に，英米で活用されているメディエーションの考え方やスキルを，わが国のそれと対比しながら，わが国のADRでも適用可能なものとして学んでいただくことに主眼を置いている。

　英米を中心に，世界標準のADRの定義は「裁判以外の紛争処理手段」といった極めて緩やかなものである。英米のADRのテキストを紐解けば，たいていは，当事者間の交渉にも章を割いており，換言すれば，交渉もADRの一つとして包摂されている。ところが，わが国のいわゆるADR法では，ADRは「法による紛争解決」の場であると定義されているし，実際にも，法との連携を念頭に置いた，いわば簡易な法的紛争解決手続のようにとらえられてきた。合意型といっても，裁判所の調停のように，調停委員が別席で当事者の話を聴きながら，最終的には調停案を提示する形式がわが国では中心である。これは海外の研究者に話せば，「それは，機能的には，ほとんど仲裁ではないのか」という評価になる。

　海外で標準的な，「当事者が同席し対話する中で自律的に合意を模索していくプロセス」，「調停人は，見解を示さず，この対話の促進に専念する」という標準的な合意形成過程であるメディエーションのようなものは，これまでわが国には，理論的にも実務的にも，ほぼ皆無と言っていい状態であった。

　しかしまた，同時に，世界標準であるからといって，ヨコのものをタテにするだけでは，十分な意義を持ちえないのは当然である。単純な英米のメディエーション礼賛は，むしろ有害である場合もある。わが国独自のADR定義がとられてきた背景には，文化的，制度的な要因が複雑に錯綜して影響しているのであり，そこには論理的な必然性もある。

　本書は，こうした観点から，ADRの基本的概念を説きながら，なぜわが国では異なる法的なADR定義がとられているのか，その背景を理解したうえで，

では，そこで参考になる海外のメディエーションの理論とスキルが，どういう意味で，どの範囲で，わが国のADR実務に有益でありうるのかを検証して説明し，ロールプレイ課題へと昇華させている。いわば，英米のメディエーションと，わが国の実務の融合的活用のあり方を示そうとしたのである。

　本書第7章では，ロールプレイによる学習のための事案教材が含まれている。この箇所はロールプレイ実施前には見ないようにしていただきたい。また，個々の事案の議論，解説部分も，実施後に参考にしていただきたい。また，当てられた役割の情報以外は見ないようにしていただきたい。こうした書物の形では，本来，収載が難しい性質のものであるが，広く共有されることを願って，掲載することにした。

　なお，本書の分担は下記のとおりである。

・第1章，第5章，第6章，第7章，第8章　　和田仁孝
・第2章　　中村芳彦
・第3章　　山田恵子
・第4章　　久保秀雄

　これまでの英米のメディエーションの紹介・導入でも，日本の実務の枠内の手引きでもなく，融合的に新たな視点で，実務のあり方と，実務でのスキルを，ともに検討していただける内容になっていれば幸いである。

　2020年6月

著者を代表して

和田　仁孝

第1章

紛争の構造と過程

§1 — はじめに

　ADR（Alternative Dispute Resolution）とは，裁判以外の紛争処理手段の総称である。国によってその定義には若干の差異がみられるが，この定義が世界標準だといってよい。英米のADRのテキストを見れば，「Negotiation（交渉）」，「Mediation（合意形成型）」，「Arbitration（仲裁型）」といった章立てをとっているものが多い。すなわち当事者間の相対交渉も，ADRの一つとして包摂されているのである。内容的にも，家族間の人間関係の調整など（財産や離婚など法的課題ではなく，家族成員間の人間関係）を扱うものも包含される。
ただし，わが国は，この世界標準のADRの定義とは異なり，ADRを法的紛争解決機関として定義づけ，裁判以外の法的解決補完機関といった意味合いで語られることが多い。この大きな差異の背景や意義については第5章で詳述する。

　また，本書が取り上げるメディエーション（Mediation）であるが，この用語にも注意が必要である。わが国では，メディエーションを調停と訳してしまうことが多いが，これは，間違った訳であるといっても過言ではない。いずれも，裁断ではなく，合意形成を目指す手続という点では，同一であるが，実際の手続過程は，まったく異なっており，これまでわが国には，調停はあってもメディエーションはなく，新たな概念として捉えるべきである。

　調停は，ほとんどの場合別席で手続が進み，最終的に調停委員が合意案を提案して，当事者の合意を獲得していく手続であるが，これは英米の感覚では，Arbitration 的な要素が強いということになる。メディエーションは，同じ合意形成でも，当事者同席のもと，その対話を促進することが目的とされ，調停人は，自身の意見を述べたり，合意案を提示したりはしない。自律性が尊重され

る文化にあっては適合的なモデルである。英米にも，弁護士がメディエーターになる場合など，日本の調停に近いタイプのメディエーションの応用形も存在するが，これは例外であって，多くのメディエーションは，法的問題を含むかどうかは問題でなく，訓練を受けたメディエーターが対話を通じて感情的コンフリクトや人間関係調整を行う関係調整のための手続である。法的問題を直接課題にするのでなく，また，評価・判断・意見を述べたりすることなく，合意案提示も行わないため，訓練受ければ誰でもメディエーターとして対価を得てサービスを提供できる。

　もちろん，わが国の法環境に，それがそのまま適合的とは思えないが，そこに含まれる対話促進のスキルや，手続的公正にかかわる倫理観など，わが国のADR実務にとっても有益であり，学ぶべきポイントも多く含まれている。本書ではこうした観点から，英米のメディエーションのモデルに学びつつ，わが国でのADR実務への理論的・実践的示唆を示していくことにする。

　まずは，そのために紛争という現象そのものの検討から始めることにする。

§2 ― 紛争解決とは何か

▶1　紛争とは何か

　法律の領域において，紛争は，その社会的実体はともかく，理念的には法的権利義務関係をめぐる対立として認識され，その次元での解決が志向されるというのが常識的見解であろう。しかし，実際に実務に直面すれば，誰でも理解できるように，現実の紛争はより多面的であり，当事者のニーズはより人間的で複雑であり，法律家の役割も，理念どおりに法専門性に基づくだけでは，うまく行かない，もしくは理念どおりでは，本当に有意味で応答的な対応にならないといった事例がむしろ普通である。

　ADRを利用するのが，紛争状況の中で迷い悩む生身の人間である限り，紛争という概念についても，法的理念ではなく，この生身の人間である紛争当事者の紛争観やニーズを出発点として考えていく必要がある。紛争当事者にとって，紛争状況は日常から逸脱した特異な状況にほかならず，それゆえ，対象となる問題をめぐって，あるいは相手方との交渉の経緯にともなって生じる感情的な困惑や，人間関係的な悩みも，何らかの対処が必要な現実的ニーズとなる。

この当事者にとっての紛争の構造をまず把握していこう。

　まず，第一に，紛争の情緒的次元（emotional dimension）を考える必要がある。紛争状況の基底にある心理的，情緒的な葛藤の次元である。どのような紛争でも，その渦中にある当事者は非常に強い感情的不安やストレスを感じている。一方で，被害を発生させ，あるいは自らを紛争に引き込んだ相手方への怒りや苛立ち，他方で，現状と今後の展開について見通しを持てないことによる不安，紛争当事者はそうした情緒的葛藤の中で混乱している存在である。この情緒的次元からみれば，紛争とは，当事者が情緒的安定を取り戻し，自信を持ってその後の生活に向き合うことができるようになって初めて，解決が達成されたことになる。賠償請求や契約関係の処分といった問題は，当事者と相手方との間に生じた根深い情緒的葛藤の表面的争点に過ぎないような例も考えられるのである。土地の境界をめぐる紛争は，実際には境界そのものではなく，当事者間の人間関係的，感情的な対立の現われに過ぎないという，よく指摘される事実は，その一例である。そこまで明確に心理的対立が生じていないにせよ，紛争状況では多かれ少なかれ，情緒的葛藤が当事者の中に沈殿しており，それゆえ，この情緒的次元への手当てが十分になされない場合，法的問題解決の受容や納得形成もなされない可能性がある。

　第二に，潜在的欲求次元（interest dimension）すなわち，やはり紛争の根底に存在する基本的やニーズや利害（interest）の次元である。これは紛争当事者が表面上求めている主張や要求の実は背後に潜んでいる根本的な利害や欲求を指す。たとえば，高額の損害賠償を主張する当事者は，実はそれによって相手方の真摯で誠実な応答を求めているのかもしれない。あるいは被害者の無念に寄り添おうとする感情の充足を求めているのかもしれない。また建物の明け渡しを求める家主も，実は，明け渡しより，安定した賃料収入を得て，老後の生活の安定を確保することを最重要の課題として求めているのかもしれない。こうした深い次元の欲求については，紛争当事者自身が気づいていないことも多い。しかし，この次元の特徴は，その欲求・利害が基本的なものであるが故に，それを満たす方法が多様に創意工夫できる点である。法律家が，この当事者のもつ根源的欲求を視野に入れた場合に可能となる創造的解決の可能性を考えることなく，表層的な法的解決を目指したとすれば，批判はされないにせよ，満足度の低い結果に終わることになろう。この当事者のもつ，深い潜在的欲求に着目し見通しを立てていくことが重要な課題となる。

第三に，主張・要求次元，すなわち，当事者の要求やその前提となる事実を
めぐる対立の次元である。これは通常，表面化した紛争のいわば本体とも言え
る部分であって，まさに具体的に処理され解決されるべき要求や論点をめぐる
対立として捉えられる。当事者も，自身の根源的欲求に自身でも気づかず，こ
の表層的な主張に終始することも多い。たとえば「家を明け渡して欲しい」「事
故の被害について十分な賠償を得たい」などである。被害や問題を認識した場
合，当事者は，情緒的紛争や潜在的欲求を背景に秘めながら，相手方になんら
かの具体的な行動や対応を要求していくことになる。構造的に見れば，この主
張・要求次元は，潜在的欲求を実現する手段的な次元と言えるが，それが潜在
的欲求の充足にもっとも適した方策であるかは別問題である。様々な要因の影
響する中で，潜在的欲求実現の方策を創案し，創造していく過程を支援するこ
とは法律家の役割ではあるが，逆に当事者の表層的主張に引きずられ，それに
焦点を合わせることになれば，当事者にとっても法律家にとっても表層的で貧
困な解決になってしまうこともある。この次元では，「謝罪要求」から「賠償
請求」まで，非法的なものも法的なものも，区別なく要求として当事者は認識
している。しかも，紛争の発生当初から，当事者自身が具体的な要求を認識し
構成しているとは限らず，多くの場合，周囲や相手方との接触を通じて，しば
しば矛盾する要求も含め認識し，それにとらわれていることも多い。それゆえ，
ADRとの接触によって，その助言のもとで要求の内容が可塑的に変容し再構
成されていくのであるが，それゆえにこそADRが紛争のどの次元にまで視野
を広げているかによって，その結果も大きく変わってくるのである。
　最後に，法的次元である。ひとつの紛争を法的次元から眺めたときには，当
然，問題は法律の枠組みに従って定義されることになる。さきほどの「家を明
け渡して欲しい」は，「正当事由に基づく明渡し請求」ないし「債務不履行に
よる契約解除」といった問題として定義されるし，「事故をめぐって謝罪させ，
何らかの責任をとらせたい」は，「損害賠償請求」として構成されることになる。
　この法的な紛争の定義は，生の社会的紛争を法制度によって処理される形に
加工することを意味している。それは，情緒的次元や潜在的欲求次元での紛争
当事者の感情やニーズ，あるいは社会的な要求と常に合致するものとは限らな
い。紛争の法的次元は，当事者にとってみれば，しばしば特殊で表層的なもの
でしかない可能性を念頭に置いておく必要がある。その上で，法的次元での解
決と，情緒的次元や潜在的欲求次元での当事者のニーズの充足とを連結してい

くようなコミュニケーション技法もADRには必要となってくる。

▶2　紛争の生成メカニズム

　この紛争の四層構造は，現実には不可分な形で融合し，相互に影響しあいながら常に流動している。ある時点，ある場面で，当事者がそのどの側面に焦点を当てるかによって，同じ当事者であっても，紛争は，時には矛盾するような様相さえ示す。自分にとって紛争とは何か，紛争において何を求めるのか，何が解決となるのか，それらの問いへの答えは実はひとつではなく，当事者それぞれのおかれた位置や視点によって多様であり，かつ紛争の動きの中で流動していくのである。

　とはいえ，そこには一定の認知変容のパターンがある。紛争の認知的展開モデルは，紛争の生成について，次のような要素に区分して把握している。

　Naming（利益侵害の認知）→ Blaming（責任帰属の認知）→ Claiming（要求表出）
　以下，順次見ていこう。

　①　Naming

　Namingとは，そこになんらかの利益侵害が生じたことに気づき，明確に被害と「名付ける」ことである。この単純な認知も，実はそう簡単ではない。単純にたとえば手術後体内に忘れられたガーゼがあったとしても気づかない場合もある。問題は生じているのに，当然ながら何らかの症状が出るまでそれに気づくことはない。あるいは，自分の所有する土地に，隣家が，境界をはみ出す形で菜園を造っていても，日常的にチェックしていない限り，気づかず推移することもある。

　しかし，こうした明らかに認知が不能であるような場合だけではない。実際に目にしている事態でも，それを問題と認識するかどうかは，その人のもつ「ものの見方」によって変わってくる。この各人が身に着けた「ものの見方」を認知フレームと呼ぼう。たとえば，セクハラやドメスティック・バイオレンスのような領域では，何を「被害・侵害」と認知するかも時代を通じ，また文化によって変容してきている。家庭や学校での軽度な暴力を「しつけ」「愛のムチ」と捉えるのか，「暴力」と捉えるのかは微妙であり，意識の変化にともなって認知フレームも変わっていくのである。

　このように人々の「利益侵害」についてのNamingのし方は様々であり得る。また。漠然と違和感を持ちながら，その状況を適切にNamingできないような

場合もある。さらに法律家は,「法という枠組み」の観点からNamingする専門家であるということもできよう。法という専門知識は,問題のNamingをつかさどるひとつの認知体系であるということもできる。ADRの役割は,面談を通じて,紛争当事者固有のNamingを法という別の認知フレームの観点を踏まえつつ援助・調整していく役割ということもできる。特に,法律相談のような場では,このNamingの可能性が重要なポイントになることがあるだろう。

② Blaming

Blamingとは,Namingされた「利益侵害」について,その不利益について責任を負担すべき主体を特定することである。これも,単純な認知過程ではない。環境被害や公害のように,しばしば責任主体の特定が困難である場合が存在するし,文化的規範によっても異なってくる。たとえば,道路に小さな穴があって,そこに躓いてけがをしたとしよう。「自分の不注意だった」「運が悪かった」などと認知するなら,責任はそれぞれ「自分」や,「運」という超自然的なものに帰属させられていることになる。しかし,訴訟社会であるアメリカのような国では,これは「道路管理者の責任である」として訴訟に至るかもしれない。

このように,Blamingも流動的で複雑であり,様々な観点から人々は責任主体を特定している。いうまでもなく法の体系は,この点でも,有力なひとつの認知枠組みにほかならない。ADRにおいて,Blamingの認知構成も,紛争当事者に対応する際の重要ポイントとなってくるだろう。相談であれ,調停事案であれ,ADRが関与するのは,実は,当事者による一定の紛争認知が構成された後であることが多いが,それゆえにこそ,人々が認知をより適切な形に修正し構成していくことを,対話を通じて援助することがADRにとって重要な課題となるのである。ただし,ここで,ADRの作業は,「既存の法に照らして責任主体を特定」し助言することだけではなく,当事者の潜在的欲求や社会的正義をも考慮し,時には創造的に責任観念を創出したり,法とは異なる責任観念を肯定的に受容したりする柔軟な応答が要請されてくる。

③ Claiming

さて,Naming, Blamingがなされた後,それに続く過程として,要求をその相手方に提示していくことになる。しかし,ここでも,Naming, Blamingがあっても,直ちにClaimingがなされるわけではない。要求を表出できるかどうかは,被害の大きさ,当事者と相手方の関係,コストや時間など,様々な変数の

中で決まるからである。あえて要求をしない形での泣き寝入りや紛争回避も，実は非常に多く見られる現象である。ここでも，可能な障害をクリアし，必要な要求を表出できるための情報提供をはじめ，様々な援助をするのがADRの重要な責務であることはいうまでもない。

▶*3* 解決とは何か

【1】 通過点としての法的解決

　さて，紛争がこのような複合的な構造をもち，認知フレームが交錯する中で生成・変容していくものだとして，では，解決はどのように捉えるべきだろうか。常識的には，法的次元での課題に結着をつけること，ないしは主張・要求次元で構成された問題に決着をつけることと定義することになる。しかし，複合的な紛争構造を踏まえれば，問題はそれほど単純ではない。

　法的解決に関しては，たとえば執行力のある判決でさえ，そのままの形で履行されていない場合も多い。判決が出ても手元不如意で支払いができないといった例，さらに当事者間での交渉を通じて支払額や支払方法をめぐって問題の再解決が図られているケースも多いのである。強制執行しても利益が少ないなど，再交渉による判決内容の調整が，おそらくもっとも有益な手段であるという場合も多いであろう。判決がそのまま履行された事案においても，それに伴う別様の処理がなされているケースもある。

　ここでは，判決は決して紛争の最終的解決ではなく，むしろ当事者間の問題解決の重要だがひとつの通過点に過ぎないことを確認しておきたい。これは判決に限ったことではなく，和解，示談においても，法的次元での解決は，その後当事者の再調整を経由する可能性を内包している。すなわち，法的解決とは，あくまでも，裁判所や法律家，あるいは法というひとつの社会システムの側から見た「解決」に過ぎず，それがそのまま当事者にとっての解決にはならないということである。判決も和解も，ADRでの合意も，再度，当事者の生の社会関係の中に引き戻され，そこで新たな関係構築の重要だがひとつの資源として活用されるリソースに過ぎないということである。

　そして，社会学的には，紛争の本質的解決というものは存在せず，あるのは，継続的な紛争の変容過程に過ぎないともいうことができる。たとえば関係が切断されても，その後，紛争状況の影響が当事者の生活世界に影を落とすのであり，そうした意味で，紛争解決でなく紛争変容の制御を念頭に置くべきといえ

るかもしれない。

【2】 解決の主体

　このことは，必然的に紛争解決の主体についての認識の転換をもたらす。しばしば，「当事者同士では解決ができないのだから，法律家やADRが関与して解決をもたらすのだ」といった見解が示される。しかし，この見解には法システムを動かす専門家の善意ではあっても，ある種の傲慢さが潜んでいる。当事者の紛争解決能力を軽視し，法というシステムがそれをもたらすのだという上からの発想である。しかし，現実には判決という上からの執行力まで備えた「解決」も，当事者の生活世界では再構成され変容を受けてしまうことは先に指摘した。逆に言えば，当事者には，それだけのしたたかな能力が備わっているということでもある。

　事実を前提にすれば，「当事者同士で解決ができない場合，法システムを活用し，それを参考にしつつ，再度解決を創り出していく」という強さを当事者は持っているということがいえよう。それゆえに，社会的な生の次元，紛争当事者の生活世界の中で，真に紛争を解決できるのは，当事者自身でしかありえない。裁判もADRも，そもそもこの当事者による問題解決の通過点で，重要だがひとつのインパクトを与える役割を担うに過ぎないのである。これは事実であり，ADR担当者はその役割の部分性と謙虚さを意識しておく必要がある。

【3】 プロセスの重要性

　いうまでもなく，合意内容という「結果」を最終的着地点と考えると，その過程は，この「結果」をいかに意義ある適正なものにしていくかに主眼が置かれることになる。過程ないし手続とは，結果を適正に保つための道程に過ぎないと意識されることになる。これも常識的見解であるが，ここまでみてきたような紛争のダイナミズムを前提とすれば，必ずしも適切とはいえなくなる。これまで指摘してきたように。「結果」自体が，その後の生活世界の中での調整を受ける通過点なのだとすれば，重要なのは「結果」以上に，そこに至る過程で当事者間の関係性や認識にいかなる重要な変容がもたらされたかでなければならない。たとえば，争う過程で，当事者間の感情的対立が激化していったとすれば，合意したとしてもその合意の履行はうまくは進まない。もし，向き合う過程において相手方への認識が変容し，いささかでも感情的対立が弱まっていれば，あるいは相手方の言い分への「聞く耳」が形成されていれば，合意の履行もよりスムーズになるかもしれない。したがって，「結果」は重要ではあ

るが，その過程が持つ独自の認識変容，紛争変容の機能にも同等かそれ以上の注目をしていくことが，生活正解における当事者の問題処理には有効であるともいえる。

　実際に，合意が成立しなかったとしても，その過程で十分な配慮を調停人から示された場合，満足度が高くなるし，合意が成立しても調停人の対応が不十分であったり偏ったりしていれば不満が強くなる。それゆえ，この「結果」より過程への配慮という視点は，調停人の関与のあり方という面でも重要な意義を有しているといえよう。

▶*4*　紛争解決ニーズの変容と社会

　従来，人々が抱える様々な社会的ニーズについては，社会内に存在する多様な応答メカニズムがそれぞれ分業化した形で手当てしてきていた。紛争に直面した当事者への手当ても同様である。紛争当事者は，法律家や法システムに法専門的な問題処理をゆだねる一方で，紛争状況に伴う不安や心理的な傷，社会関係の実質的修復に関わる問題については，地域や親族のネットワークによる手当てを期待することができた。また，そもそも多くの紛争は，こうした地域や親族，企業組織といった共同体的社会関係性を保持したネットワークのなかで処理され，法的処理を求めるのは，まさに関係が破壊された後の最終的処理段階に至ってであった。

　しかしながら，現在，この分業体制を支えてきた共同体的な社会ネットワークはきわめて脆弱化してきている。地域や親族ネットワークの弛緩は，すでに近隣ネットワークの不在や核家族を通り越した単身世帯の増加など個の孤立状況を招来しつつあるし，企業組織も構造変容の中で短期的・機能的雇用関係への再編が進行しつつある。

　ADRのもとに持ち込まれる紛争もそうした状況を反映するようになってくる。それは，法外の関係的問題の処理，心理的不安への対応などをも求める過剰なニーズとして立ち現れてくる。ちょうど医療において医師に求められるのが，親族や地域ネットワークの弛緩にともなって，単なる病気の治療から，患者のQOL（Quality of Life）を踏まえた対応や生活ケアへと拡張してきたのとそれは良く似ている。

　こうした社会変容のなかで，当事者がADRに求める利益の中身も大きく変容してくることになる。それは，狭義の法的問題処理（病気の治療）から，そ

れを含みつつそれを超えた社会的・関係的・心理的次元での紛争状況対応（QOL重視のケア）へと転換していくのである。そこでは当事者の利益は，単純に法的利益の実現とは同定されなくなる。法的な意味での利益擁護以上に，当事者にとって重要な潜在的欲求への対応が求められるようになったともいえるのである。

このように，当事者の利益それ自体が，社会の構造変容と価値意識の多様化のなかで，一概には定義できない複雑なものとなってきている。こうした過剰で無限定な当事者のニーズを切り捨て，法的ないし財物次元での問題処理に限定することも可能ではあるが，それではADRの非機能性を自ら認め，開き直ったに過ぎず，責任放棄と言われても仕方がない。患者のQOLへの貢献を無視し，単に病気の治療のみに専心する医療者に向ける批判と同様の批判をADRも受けることになってしまうであろう。

§*3* ── 紛争研究の系譜

▶*1* コンフリクト・マネジメント研究の生成

紛争が人間にとって普遍的な現象であり，多くの学問領域がそれを多かれ少なかれ間接的に考察対象としてきた。その系譜をたどると，その時代，社会状況を反映して，紛争についての認識も大きく変容してきていることがわかる。全ての紛争研究の流れを整理することは不可能に近いが，以下では，まず，紛争という現象を正面から直接検討の対象としてとらえ，取り組んだ研究を中心に取り上げていくこととする（図1.1）。

【1】 ケネス・E・ボウルディング：紛争の一般理論

まず，マクロな紛争研究の領域について，ケネス・E・ボウルディングの名を挙げることに異論をはさむ者はいないであろう。ボウルディングは，本来，アメリカ経済学会の会長を務めたほどの経済学者であるが，また経済・社会のあらゆる側面について探求する1つの領域にとどまらない大きな視野を持った研究者である。1910年に英国に生まれ，その後米国に移り，1949年から1967年までミシガン大学に在籍した。この時期が，ボウルディングの紛争研究というより，紛争研究そのものにとって，重要な意味を持つ。ミシガン大学在任中に，「紛争解決研究センター（Center for Conflict Resolution）」を設立，現在

図1.1　紛争研究の流れ

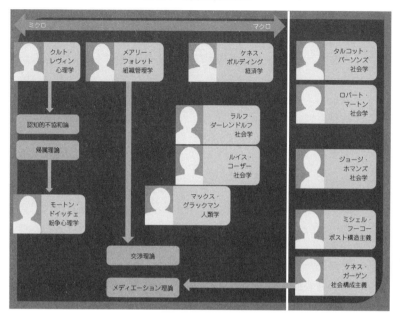

に至るまで紛争研究の中心的研究雑誌である「紛争解決雑誌（Journal of Conflict Resolution）」を1957年に発刊したほか，自身のこの分野での主著となる「紛争の一般理論（Conflict and Defense: A General Theory）」を1962年に発表している。二度の大戦の経験から，ボウルディングにとっては，紛争は単なる学術研究の対象に留らず，実践的な課題でもあり，上記研究所の設立も，雑誌の発刊も，戦争防止のための人類の叡智の探求と集積を目標とするものでもあった。これにより，ボウルディングは経済学者というだけでなく，平和研究の創始者，紛争研究の開拓者として認知されるようになったのである。

　彼は，紛争を次のように定義した。「複数の当事者が潜在的に将来の位置が両立しないと認識している競争状況で，かつ各当事者が，他の当事者の欲求と両立しない位置を占めようと欲求している状態」である。さらに，この紛争状況への対応の際に現れるパワー（ちから）を，「将来を変容させる能力」と定義し，かつ威嚇的パワー，交換的パワー，統合的パワーに分類する。わかりやすく言えば，他者を動かすための力のあり方の区分である。威嚇的パワーはいうまでもなく，権力的ないし圧力により他者を従わせるものであり，破壊的な意味を

持つとされる。交換的パワーとは，交渉や妥協により他者を動かすものであり，生産的な機能を持つとされる。さらに，統合的パワーとは，相互変容的かつ協調的に他者とかかわるものであり，創造的な意義を有する。いうまでもなくボウルディングにとっては，破壊的な戦争のような手段から，協調的な関係構築を目指す統合的パワーへのシフトが人間にとって，望ましい紛争状況への対処の方法であるということになる。ここにはすでに，現在のコンフリクト・マネジメント研究の基本的価値志向が内包されていたといってもよいであろう。

【2】 メアリー・パーカー・フォレット：マネジメントの預言者

　ボウルディングのように，大きな視野から，アカデミズムの中心で紛争研究の重要性を主張したのではないが，それに先立ち，現在の紛争研究に大きな影響を与えた研究者がいる。メアリー・パーカー・フォレットである。1868年，ボストン生まれ，ハーバード大学女子学部，ケンブリッジ大学で教育を受けたが，アカデミズムの世界には入らず，社会活動に従事しつつ，論文や著作を発表した在野の研究者である。

　その主たる研究領域は，組織管理論である。経営組織を人間関係としてとらえる視点は斬新であったが，一時，その研究への注目は薄れ，1960年代以降，いわば再発見されることになる。「マネジメントの預言者」とも称され，その視点は，現在の組織管理，紛争研究にも色あせることなく反映している。

　ここでは，参考になる2つの視点を紹介しておく。1つは「状況の法則」と呼ばれるものである。これは「命令」をある個人から発されるものと考えるのでなく，状況が命じるものととらえる視点である。命令が上司から与えられたものと考えると，この服従関係の中では，やる気の喪失，上司への反発，満足感や責任感の体かなどのネガティヴな反応が生じる。しかし，命令を状況が求めているものととらえなおすと，状況への対応という共通の課題について，共同して向き合うという機運が生まれてくるというのである。この「命令」の淵源を人に帰属させるのでなく，状況に帰属させる視点は，「人と問題を区別せよ」というハーバードの交渉モデルのテーゼを先取りしたものともいえる。二つ目は，現在の交渉論やメディエーション・モデルでも二重関心モデルと呼ばれる，おなじみの紛争状況の対応方法の区分のもとになった視点である。フォレットは，紛争状況を「争い」とは考えず，「相違（difference）」ととらえ，その克服方法には，「抑圧」や「妥協」のほか，「統合」があり，これを目指すべきだとする。いわゆる現在のWin-Win解決のことである。おなじみのオレンジの取り

合いの事例は，このフォレットが考案したものである。

　彼女の業績は組織管理や具体的な紛争状況への対処という次元で，現在のハーバードの交渉プロジェクトなどにも受け継がれ，その基盤を形成していると言える。

【3】　クルト・レヴィン：社会心理学の父

　心理学の領域で，紛争が研究対象として正面からとらえられるようになったのは，クルト・レヴィンの貢献が大きい。クルト・レヴィンは，社会心理学の父とも呼ばれ，心理学の広い領域に影響を及ぼした点で，ボウルディングと似ている。1890年にドイツで生まれ，ベルリン大学で教鞭をとったが，ユダヤ人であったため，1933年にはアメリカに移住し，コーネル大学，マサチューセッツ工科大学などに在籍した。マサチューセッツ工科大学では，グループダイナミクスの研究所を設立している。紛争に関わる著作としては，「社会的葛藤の解決（Resolving Social Conflicts）」や「社会科学における場の理論（Field Theory in Social Science）」などが有益である。

　紛争研究の領域でもっとも重要な貢献は「場の理論」と呼ばれる視点である。レヴィンは，人間の行動を，「主体の認知」と「対象（相手・状況）の誘発性」の双方向的な関数関係ととらえる。B（Behavior）＝ P（Personality）× E（Environment）と表現される。誘発性とはわかりやすく言えば，接近したいと感じさせるものが正の誘発性，回避したいと感じさせるものが負の誘発性ということである。そして，この誘発性が，二重に生じる場合が紛争状況であるが，これには「接近－接近」，「接近－回避」，「回避－回避」などが考えられる。「接近－接近」とは好ましい二つの選択肢があって，そのうちいずれかを選択しなければならないという葛藤状況，「接近－回避」とは，好ましいものを得るためには好ましくないものも合わせて受け入れざるを得ないという葛藤，「回避－回避」は，いずれも回避したい選択肢であるが，いずれかを選択せざるを得ないという葛藤である。その際，主体は，いずれにせよ，接近ないし回避という行動をとることで，この葛藤（紛争）を解消することになる。

　このように，葛藤（紛争）を正面から研究テーマに据えたことが，クルト・レヴィンの紛争研究への第一の貢献であり，その後，弟子のフェスティンガーによる認知的不協和理論など，より精緻化され，現在のモートン・ドイッチェなど社会心理学的紛争研究へと展開していくことになる。

　こうして，紛争はミクロな心理学領域から，マクロな社会領域まで，重要な研

究対象として拾出されることになった。紛争研究が，学際的であるが，独立した研究テーマとみなされるようになって，研究が進むにつれ，紛争そのものをどう価値論的に位置づけるのか，どのような切り口でアプローチしていくかなど，次第に，その視点も変容していくことになる。この変容そのものが，われわれの紛争への視点の構成にとって，実践的な意義をも持っている。次に，この紛争研究における視座の変容をいくつかのポイントについてみていくことにしたい。

▶2　コンフリクト・マネジメント研究の視座の変容

【1】　背景としての構造機能主義

　紛争研究が，社会科学の中に一つの研究領域として地歩を固めつつあった20世紀半ば，その場となったアメリカの社会科学領域では，構造機能主義と呼ばれる社会理論が優勢な時代であった。構造機能主義は，社会を生物学的なアナロジーで理解しようとするアプローチである。社会も生物と同様，比較的安定した「構造」を維持するために，その下位部分が構造の維持に必要な様々な「機能」を果たしているとする考え方である。すなわち，生物の身体において，呼吸器系，循環器系，消化器系といった各下位部分が，その機能を問題なく果たすことで，構造は絶え間なく更新される一定の秩序だった安定を維持できるが，社会もそれと同様であるというのである。この理論の主唱者であったパーソンズは，4つの機能を必須機能として取り上げ，いわゆるAGIL図式として手式化している。AGILとは，A（adaptation）＝適応機能，G（Goal Attainment）＝目標達成機能，I（Integration）＝統合機能，L（Latency）＝潜在的パターン維持機能という4つの機能を指す。適応機能とは，システン維持に必要となる資源を外的環境から獲得するなど条件を整える機能であり，社会においては経済にあたる。目標達成機能とは，外的環境に対しシステム全体の目標達成に向け状況の諸要素を制御する役割で，政治にあたる。統合機能とは，システム内部の構成単位間の調和や調整を担う機能とされる。潜在的パターン維持機能とは，その前提としての構成単位間の関係パターンの維持を担う機能である。これらは，社会というシステム全体から，その各レベルの部分単位システム，さらには生命体に至るまで，適用可能な分析図式として考えられていた。

　こうした構造機能主義のテーゼのもとでは，紛争状況は，いかなるものでも，これらの機能が適切に果たされ，調整されていない事態にほかならず，その存

在自体が，システムの統合や目標達成，さらには構造の維持を阻害する要因として，速やかに除去されるべき現象ということになる。紛争は害悪以外の何物でもなかったのである。

　しかし，20世紀後半に入ると，次第にこのパーソンズ流の構造機能主義への批判が強まってくる。システム・構造の維持が，ア・プリオリに目的的に設定されていることは，とりもなおさず理論的に一定の価値評価を内包しているにほかならず，具体的には，既存の社会秩序の維持・保全へとつながる保守的イデオロギーに他ならないのだとする価値批判が生まれてくる。さらに方法論としても，社会・システムが静態的に把握され，その内部や外的環境との相互作用の中で，動態的に示すプロセスの分析が，ほとんど看過されているといった批判も生まれてくる。

　紛争という，下位単位内の動きや不調和に着目する紛争研究は，もとより，主流であった構造機能分析への批判可能性を内包するものであったが，この批判的視点は，紛争研究内部での新たな視点の提示として具現化していくことになる。

【2】　紛争の積極的側面への着目：コーザーとダーレンドルフ

　こうした視点は，まず構造機能主義の枠組みの内部でも，紛争を対象に考察する研究の中から現れてきた。ルイス＝コーザーは，1956年，『社会闘争の機能』という著作を発表しているが，その中で，紛争という現象が持つポジティヴな機能について検証している。第一に，外的環境との相互作用の一つとして，対外的な闘争をとりあげ，それが，集団にとっては集団内部の安定と統制を高め，集団というシステムの維持存続に有効な作用を及ぼすことを指摘する。この点は，いわゆる仮想敵を作ることで集団メンバーの不満や不信をそちらに向けさせ，内的安定性を強化するという政治戦略として，よく指摘されることを理論化したものにほかならない。第二に，内部紛争も，それが一定程度，集団内部で顕在化し，それへの対応（場合によっては一部の分離）がなされていくことで，カタストロフ的な集団の崩壊を防ぎ，その維持存続に有益な効果を持つという指摘である。紛争があらかじめ害悪として抑圧されてしまうといずれシステムの崩壊につながる対立に発展する可能性があるため，適度な紛争の生成は，むしろ集団にとって健康な状態であるということである。

　これらの指摘は，紛争現象の順機能を的確に把握している点で，従来の視点を超えてはいるものの，その機能が集団・システムの維持存続という目的的価

値と結び付けられている点では，当時の構造機能主義内部の修正理論という位置づけが適切かもしれない。また，実践的にも，一定の紛争表出にポジティヴな意味を聞いだすなど，社会主義体制と対峙したアメリカ民主主義モデルの見事な擁護理論となっている点も否定できない。

このコーザーの視点に対し，批判を加えたのが，ラルフ・ダーレンドルフである。ダーレンドルフは，ドイツ人であり，ドイツおよびイギリスの大学で教育を受け，また教鞭をとったほか，ドイツ連邦議会の議員として政治の世界でも活躍した人物である。この点が彼の理論にも大きな影響を及ぼしている。1959年に，『産業社会における階級および階級闘争（*Class and Class Conflict in Industrial Society*)』を著したが，そこでは，マルクス主義の強い影響と冷戦体制下の緊張した政治環境の影響のもと，マルクス主義理論を，マックス・ヴェーバーの概念を適用しつつ組み替え，産業社会における階級対立という紛争状況の克服のための理論的基盤を整備しようと試みている。彼は，コーザーが依拠した社会の安定や均衡維持といった視点を徹底して批判しつつ，わかりやすく言えば，「権力をめぐるたえざる不協和の存在」は，社会にとって不可避の宿命であり，その紛争の先には，既存の集団の安定などではなく，新たな秩序が再構成されていくというのである。そこにはいうまでもなくマルクス理論の背景にあるヘーゲル的な弁証法の強い影響を読み取ることができ，秩序と均衡が目的的に設定されていた構造機能主義の発想への全面的批判としての意義も有しているのである。

このように，紛争を害悪としてではなく，ダイナミックな社会の生成に不可欠の現象とみる視点は，ややミクロな視野の領域でも，方法論的な課題の転換という形で表れてくる。次にこの点をみておくこととしよう。

【3】　構造から過程へ：秩序と紛争の相対性の発見

構造機能主義が内包する静態的な安定や均衡への志向やマクロな分析枠組みは，紛争という現象をその現場で検証する研究者からは，満足のいくものではなかった。人類学の領域でも同様で，A.R.ラドクリフ＝ブラウンらに代表される構造機能主義的理論への批判的研究が，20世紀後半から，英国のマンチェスター大学の人類学者らによって進められていった。その中心は，マックス・グラックマンであり，その影響を受けたP.H.ガリヴァー，ジョン・コマロフ，サリー・フォーク・ムーア，ローラ・ネイダーらによって，世界の部族社会における紛争過程の詳細な過程論的事例研究が精力的に行われていった。そこでは，

紛争という社会現象それ自体をつぶさに観察する中で，人々の行動が共同体的関係性の中でどのように制御されているのか，個人の欲求がその展開にどのような変容を与えているのかが示されていった。そこではもはや，静態的な集団の秩序への機能的貢献といった視点は放棄され，より現実に即した過程の分析が主流となっていったのである。

　これらの紛争の微細な過程を検討する研究を通して明らかになったのは，紛争と秩序の相対性ないし融合性という点である。従来の理論では，紛争は秩序のかく乱された状況であり，それを害悪とみるか，一定の効用があるとみるかは別として，紛争状況と秩序状況を対立的に見るのが常識的視点であった。しかし，人類学の過程分析が明らかにしたのは，秩序が保たれているとみる状況の中にも常に紛争は潜在化した形で内在していること，紛争が顕在化した状況でも，なお個々人の振る舞いには一定の秩序性がみられること，すなわち，秩序の中に紛争があり，紛争の中に秩序がみられるという，両概念の融合的性格であった。この視点は，先のダーレンドルフの紛争理論とも共通するところが多く，我々の常識的な見解への強烈なアンチ・テーゼとなっているとともに，紛争状況をどうとらえ対処するかという実践的課題への大きな示唆も含むものである。

　この人類学の研究成果は，1970代から始まったアメリカのADR運動などにも強い影響を与えた。刑事であれ，民事であれ，裁判など司法手続によって問題解決を図ろうとしても，結局は当事者同士の関係が紛争を内包したままでは，その先で紛争が，再度顕在化するなど，必ずしも効果的でない場合があることが明らかとなり，それに代わるコンフリクト・マネジメントの方法が模索される契機となったのである。実際，スラム内部でのけんかや紛争に対して，コミュニティ内部の価値に依りつつ調整的に対応しようとするサンフランシスコのコミュニティ・ボードの設置や，司法省が実験的に設置した近隣ジャスティス・センターなどは，これら人類学の知見を基盤としてメディエーションを中心とする制度設計がなされている。わが国でも，筆者を含む世代の研究者は，こうした研究に多かれ少なかれ触発され，メディエーション・モデルを含むADRについての研究を展開してきている。

【4】　ハーバード・モデルと交渉論

　同様のミクロな過程的分析の傾向は，他の領域でも見られる。この中で特筆すべきはハーバード・ロー・スクールの交渉研究プログラム（Program on

Negotiation）である。その基本的な発想は，100年前にメアリー・フォレットが創案した視点の再評価ではあるが，それを現代的なビジネス交渉や外交交渉，日常的紛争を念頭にまとめて再構成したものとして大きな影響力をもつことになった。

　そこで提起された発想法は，ハーバード・モデルが対象とした交渉のダイナミズムの理解と実践的指針の提供にとどまらず，メディエーションやコンフリクト・マネジメントの様々な領域にも援用可能であり広がっていくことになった。そこで強調されたのはIPI分析という紛争の構造理解とWin-Win解決への志向である。

　IPIとは，Issue（諸論点），Position（論点についての主張），Interest（主張の背景に潜んでいる深層の利害・ニーズ）といった概念である。紛争当事者は様々なイシューについて，主張（ポジション）を交わす。このポジションレベルで解決しようとすると，貧困な解決になりかねない。そこで，そうした主張をとらせている背景の深いインタレストに着目するようになると，より生産的な合意に至る可能性が開けてくるというわけである。例えば，親権や養育費をめぐって，夫婦間で感情的な対立が激しく，親権は譲らない，養育費など払わないと，相手への攻撃感情から述べているとすれば，この場合，イシューは親権の帰属と，養育費であり，ポジションは，親権はこちらのもの，養育費は支払え，支払わないということになる。この相容れない紛争状況は，ゼロサム状況とか，Win vs Lose 状況などと呼ばれる。この時，双方の親権を求める主張，養育費の主張の根底にあるのが，子どもの利益を守りたいという思い《インタレスト》に根ざしていたとすれば，攻撃的に対立するのでなく，ではどうすれば子どもの利益を一番満たして上げれるのかという方向に争点を転換させれば，双方とも冷静に生産的な案も出てくる可能性がある。ポジションで解決するのでなく，インタレストを前提に対話することで，関係性も改善され，多様な解決案も出てきて，双方一定の納得のいく解決が出来るかも知れない。これがインタレストに基礎を置いたWin-Win解決ということになる。

　この考え方は，そもそもはメアリー・フォレットの着想によるものだが，現在も，実践的にも有用な考え方となっている。

　このほか，クルト・レヴィン以降，社会心理学の領域でも紛争研究は，いっそう，精緻化され，たとえば，モートン・ドイッチェなどの総合的研究という形で結実しているが，そうした成果もハーバード・モデルには一部取り入れら

れている。

▶3 紛争概念の変容

　紛争の概念も，こうした研究の発展を受けて大きく変容していく。当初，英語では，Conflict Resolution という概念が一般的であり，わが国ではその訳語として「紛争解決」の語が当てられてきた。現在でも，概念的意義にあまり慎重でない場合や，一般への普及を考える場合にはこうした語がそのまま使われている。しかし，この用語は，英語についても，次第に批判にさらされるようになっているし，さらに加えて，「紛争解決」という訳語は，また別の意味でも不適切であった。

　まず，Conflict ResolutionのResolution という語は「解決」を意味する言葉であるが，ここまで見てきたような紛争研究の展開の中で，紛争と秩序の相対性や，潜在的紛争への着目もなされるようになって，完全な「解決」はあり得ないという批判を加えられるようになる。紛争は実は裁判のような第三者機関の裁断によっても解決などしないという知見は，先に見た，ダーレンドルフや人類学的過程分析の視点からは当然のことであるが，実定法を研究する民事訴訟法学者などは，制度の側からの視点に立つためか，なおこの紛争解決という語を使っていることが多い。他方，筆者を含む，紛争の過程の分析を念頭に置く研究者は，この「解決」という語を回避する傾向がある。この点は，欧米でも同様である。

　また日本語では conflict に「紛争」の訳語を当てることが多いが，これは，紛争現象の幅広い性格を考えれば，実は非常に偏った狭い訳語ということになる。そこで，わが国では，この用語を用いる場合でも，「紛争」という日本語の概念を幅広く定義することで対処することなども行われている。また，「紛争」「論争」「抗争」など，いくつかの概念を定義により使い分けることを提案する研究者もいる。

　こうして Conflict Resolution の語が不適切であるという指摘がなされるなかで，これに代わる概念として，Conflict Processing や Conflict Management などの語が用いられるようになってきた。そこには，「紛争は解決しない」という含意があり，Resolution への強い批判性が込められている。それぞれ，日本語では「紛争処理」「紛争管理」といった訳語があてられている。英語では，Processingも，Management も，いわば上からの対処という意味だけでなく，

当事者自身がそれに対応していくというニュアンスが強く含まれている。

　しかし，これら日本語訳についても，上記のような批判的含意を熟知する一部の学者を除いて，一般には「処理」という言葉にともなうニュアンスへの批判や，「管理」という上からの統御をイメージさせることから，多くの誤解を受けてきた。

　さらに最近では，Conflict Processing も Conflict Management も，Conflict を上からであれ当事者によるものであれ，対処すべき「対象」という形でとらえる点に問題があるとして，現在，Conflict Transformation などの用語が提起されたりしている。次に見る，ポスト構造主義的認識論や社会構成主義の視点に立つ立場からの問題提起である。紛争交渉（Conflict Negotiation）や，Conflict Transformation といった新たに提起された概念は，いまだ研究者のコミュニティ内部での議論に留まっており，一般には，Conflict Resolution, Conflict Management などの語が用いられているのが実情である。

▶4　認知的に構成されたものとしての紛争

　こうした流れの先に位置するのが，社会構成主義（Social Constructionism）であり，ナラティヴ・アプローチである。社会構成主義は，ポスト構造主義的認識論を基盤に，心理学の領域で，ケネス・J・ガーゲンが，まず理論化を行った。

　社会構成主義の基本的な視点は，われわれが認識する現実を，言語を通して構成されたものとしてとらえる点である。いうまでもなく，われわれ個々人は，それぞれに異なる多様な言説により支配されている。ある時点，ある場所で，現実を認識するとき，その人が保持する言説のあり方によって，現実は別様に構成される。たとえば，同じ病室に入った瞬間，医療者がそこに見る現実と，患者家族がそこで見る現実には，差異が存在する。患者は，何度ベルを押しても来てくれず，ようやく今になって現れた，と怒りを感じつつ理解しているかもしれないが，ナースは，より緊急性の高い業務に従事していて，やっと病室に来たところ，さほどたいした用件でなく，力が抜けているかもしれない。その人のニーズ，知識など様々な要素が関わる中で，異なる現実理解が生成してくるのである。そもそもわれわれは網膜に映ったすべての像を均等に認識するのでなく，選択的にしか認識し得ない。そしてその選択はその当事者が有する言説の構造（ナラティヴ＝物語）によって異なってくるのである。したがって，社会構成主義的に見ると，いまここでの現実は，その人の過去からつながり未

来へと投射される変容の過程の一コマということになる。

　この視点は，紛争研究にとって極めて重要な示唆を含んでいる。第一に紛争の生成機序そのものをそれは示唆している。異なる現実，異なる意味をいまここで見ている以上，そこには，異なる主体の間で「認知のずれとしての紛争」が常に存在しうることになる。それは，認知レベルのずれであるが，場合によっては様々なレベルでの紛争を生み出していく種子にもなる。紛争の生成は，まさに現実の社会的構成の中で見出される現象ということになる。

　第二に，静態的なある時点での紛争の理解や把握に留まらず，紛争の変容と流れを，現実認識の動きの変容としてとらえていくことが可能になる。まさに，紛争をその流れ，ないしダイナミズムの中でとらえるのに，もっともふさわしい理論的視角となるのである。

　第三に，これと関連して，紛争の変容を，実践的にも「語り直し」，すなわち，「現実の絶えざる再構成」としてとらえ，かつ対話を通して，それを変容させていくことの可能性が開かれてくる点である。先に，先取りして述べたように，インタレストもこの語り直しの中で言説的に不断に再構成され，変容していくものとしてとらえ直すことで，究極のインタレストを模索しようとするハーバード・モデルのIPI概念も組み替えられることになる。

　このように「語り直し」による紛争への対応の可能性と有効性は，まさにこの社会構成主義の実践的展開の方向にも，如実に表れている。ひとつは，ナラティヴ・セラピーであり，セラピストとクライアントが対等なかかわりの中，語り直しによって，問題を克服していく実践が，家族療法などの領域で，すでに，広くなされている。これは，言ってみれば，個人の内的紛争への実践的対応のモデルを社会構成主義が与え得た領域に他ならない。今ひとつが，ナラティヴ・メディエーションである。語り直しにより現実認識の変容を促すというアプローチは，家族療法のような内的ないし家族関係再構成の領域だけでなく，対人紛争のような外的紛争の領域でも，もちろん，有効であり，この社会構成主義を援用したメディエーション・モデルが，ナラティヴ・メディエーションとして提起されているのである。いうまでもなく，ナラティヴ・アプローチによるコンフリクト・マネジメントのモデルとしてのメディエーションにほかならない。

▶5 まとめ

　このように一口に紛争と言っても，多様な理解の方法があり，それにアプローチする仕方も様々にあり得る。ADRも，紛争をどのようなものと捉えるのか，解決とはどのような意義を持つ現象と見るのか等によって，理論的にも実践的にも，極めて多様なモデルが考案されうる。裁判や法的解決とは異なり，こうした多様性や柔軟性こそ，ADRの利点であり，より現実的な紛争対応の可能性を秘めていると言うことができるのである。

第2章

紛争処理システムとADR

§**1** ― 紛争処理システムの全体像

　一般にシステムとは，相互に影響を及ぼしあう要素から構成されるまとまりや仕組みの全体を指す。紛争処理システムについても，その全体像をどのように捉えるかについては，訴訟中心モデル（富士山型），訴訟や調停など各手続の並行定立モデル（八ヶ岳型），交渉中心モデルなど様々な考え方が唱えられている。

　これは，紛争が生起した場合に，どのような手続を中心に置いて考えるか，それぞれの手続の相互関係をどのようなものとして捉えておくかという問題意識の違いに起因している。

　そして，どの手続を中心に置くかで，それぞれの手続の意義や役割にも違いが生じてくる。そこで，紛争処理システムの中でのADRの位置づけを考えるには，まずはADRと他の手続との相互関係を考えておくことが有益である。

　なお，これまでのシステム論は，既存の実在する制度や手続を前提として議論されているが，こうした機関志向アプローチとは別に，より根源的に，そもそも何を中心的な構成要素として紛争処理システムを構想するかという基本問題が存在する。

　以下では，まず，とりあえず現行の紛争処理システムとADRの関係について検討するが，後に詳しく考察するように，ADRにおいては，当事者の視点に立ち，その本来的ニーズに即したシステムの再構築が必要であると思われる。

▶**1** 訴訟とADR

　訴訟とADRとは，対比して描かれることが多い。すなわち，訴訟は，最終的には判決という強制的な手法により，紛争の終結を目指すもの，ADRは，

当事者間の話し合いを基本としつつ，そこに第三者が関与することで，合意を目指すものという説明である。

　このような理解は，訴訟とADRを車の両輪に喩え，それぞれの役割分担を説明するのに便宜である。反面で，両者の関係性や連続性という面では，対照的に捉え過ぎているという理解も可能である。

　こうした伝統的な法的判断形成という役割に変えて，訴訟自体を当事者自身が議論を交わしていく弁論の場の確保・活性化や将来志向の和解の役割を強調する過程志向的アプローチも唱えられている。

　これに関連して，近時，訴訟とADRを統合した制度目的論が説かれることがある。当事者の自己決定の豊饒化および保障に目的を求める見解（自己決定説）である。すなわち，訴訟という強制的制度が存在することで，妥協しない自由を保障し，他面で訴訟以外の多様な選択肢を用意することで自己決定が十分な実質を得るというのである。

　確かに，ADRにも多様な内容を持つものが存在することから，抽象概念や目的概念で統一的に把握することは，基礎理論的な問題を考える契機になる。しかし，より重要なのは，問題とされているADRの手続の特徴を明らかにし，当該手続において，何が行われているか，当事者はどのように行動しているか，第三者はどのような役割を果たしているかといったミクロの視点を明らかにすることにある。さらに言えば，自己決定をなし得る「意思」や「保障」を持ち出すからこそ，どうにもできなくなっている当事者の悩みや苦しみが顕在化し，これにも対応し得るのがADRであると考えることが可能である。その意味で，ADRの運動は，自身が依拠し，思考する様式自体を根本的に捉え直すことから始めていく必要がある。

　また，「裁判外の紛争解決手続の利用の促進に関する法律」（以下ADR法という）の制定（平成19年4月1日施行）は，単に認証の要件や機関の組織面を規定するのみではなく，ADRのあり方自体を規律する側面があったと考えられる。なぜならば，当然のことながら，一定の方向性を持ったADRの存在がそこでは措定され，また，結果的に，各種のADRにとっての基本法的な性質を持つことにつながるからである。

　しかし，ADRの本来的な趣旨からすると，その存在や手続は，紛争処理システムの多様性・多面性を前提として形成されていくことが望ましい。すなわち，どのようにADRの中身を描くかは，様々な可能性に開かれている必要が

ある。第**3**章以下で見ていく，メディエーションの考え方は，これからの新しいADRの展開形態を示すものである。

▶*2* 交渉とADR

ADRにおいては，当事者間の交渉に第三者として手続実施者（あっせん人や調停人を言う）が加わるという構造を前提としている。このため，手続の基本には，交渉が存在している。例えば，統合型交渉の考え方は，継続的関係にある者の間をつなぐ交渉論として有用であるが，対話促進型ADRの基本的な考え方の背景にも同様の思考形式が存在している。

また，一回的な不法行為事案のような場合には，両者にとってWin-Winの関係を築きにくく，妥協調整的な展開になりやすい。しかし，このような場合でも，分配型交渉の特徴も踏まえながら，当事者のニーズを見極め，こだわりを丁寧にフォローしていくことで，新たな展開につなげられることがある。

このように交渉中心モデルは，ADRの考え方に与えてきた様々な影響から考えると合理的な説明であると言えよう。

ただ，ADRにおける第三者役割論という視点から考えると，その独自的性格が背後に隠されてしまいがちで，第三者が関わることで，関係のあり方について，どのような変化や特徴が現れるかという面では，やや物足らなさが残る。

▶*3* 相談とADR

ある当事者に紛争が生起した場合に，葛藤を自らの心の中に留めておく以外に，通常，一番初めに取る行動は他者に相談することであろう。この起点を重視していくと，手続は相談中心モデルになる。交渉やADRでは，紛争の相手方との相互作用が前面に出るのに対して，相談では，自分自身がどのように行動するかを考える場の形成自体に意義や特徴を見出すことになる。

この問題は，そもそも紛争の本質をどう捉えるかに関係する。その展開過程に着目すると，まず自分自身の中でその場にはいない相手方である「不在の他者」との葛藤が起こり，一人では問題を抱えきれなくなって，誰かに悩みを聴いてもらい，あるいは専門的なアドバイスを求めて相談する。

そして，その結果を受けて，まずは自分自身で「現実の他者」と交渉し，それでも事態の進展が見られなければ，ADRや訴訟に持ち込むなどして第三者を巻き込んでいく。そして，その手続過程の中で，他者や直面する問題と，自

分自身との関係性につき何らかの形で折り合いをつけようとする。あるいは判決の結果を踏まえて，他者に対する強制執行などの現実的手法を探索し，最後には自らの心理的な問題として還元される。

このような手続過程の連鎖を考えると，それぞれの場面を分断して考えることの限界を露呈する。また，相談という作用は，自らを振り返るという機能を持つことから，手続過程の中で，立ち止まって考える機会を保障し，次の行動へ展開する基盤として機能する面がある。

従来のADR論は，ADRをひとつの独立した手続として捉える傾向が強いことから，相談過程との連続性やADRに相応しい相談のあり方に特別な関心が払われてこなかった。

しかし，ADR過程を広く捉えて，まずは相談との関係性を十分に配慮しながら，両者の連続性をしっかり見据えていく必要があろう。

§2 ── ADRの諸相

▶1　司法型ADR

裁判所の民事調停や家事調停が司法型ADRに該当する。日本では，伝統的に司法型ADRが古くから存在しているから，他のADRの拡充・活性化が十分なされてこなかったとも言われている。しかし，家事調停は別として，一般民事事件の調停の利用は必ずしも多いとはいえず，裁判所への市民のアクセス障害の問題は他のADRと同様に存在している。

また，手続的には，別席方式が中心で，当事者が交互に調停委員等の第三者と面談する方式が採られ，その進め方も，法や条理に基づく評価型的な展開が多いという実態がある。

特に訴訟上の和解は，判決をする裁判官が和解も試みるという特徴がある。このことから，和解の試みは心証開示の問題と無縁ではいられず，また，これと組み合わせる形で別席方式は特別の意味を持つ結果となっている。

このような司法型ADRの現状に対して，民間型ADRを，どのように差別化し，あるいは新たな問題提起につなげていくかが問われている。

総じて，司法型ADRは，公平性や中立性を重視したレディ・メイドな手続で，基本的に何らかの基準（例えば，法規範による要件事実的思考）や社会常識に基づ

いた処理を志向しやすい。

　そして，家庭裁判所の手続について言えば，例えば夫婦や子どもをめぐる問題が，夫婦関係調整，婚姻費用分担，面会交流などの手続（事件）に分離され，また調停が不調の場合には，審判や訴訟に個別に移行する手続構造になっている。また，調停は，調停委員会が構成されて，調停委員と裁判官，調査官が協同しながら手続を進めるシステムになっている。裁判官は，要所で，評議という形で，調停委員や調査官の意見を聞きつつ進行する。

　こうした手続は，それぞれの問題に特化した進行や関係者それぞれの役割分担を明確にすることで，効率的な進行を可能にしている。しかし，反面で，家族をめぐる紛争の全体像が見えにくくなるという問題がある。

　また，調停手続と審判手続の連動というシステムは，労働審判においても見られる。このように背後に強制的契機が控えている手続は，実効性や効率性に優れている。他面で，当事者にとってどこまで自律的な解決手続と言えるかという課題を内包する。労働審判は，多くの場合に，代理人弁護士の関与の下で，短期間にしっかり主張・立証をして解決に持っていく制度で，通常訴訟よりも手続進行を規律する高い能力が求められると言われる。このように手続を純化させる場合には，他面で，職場の中に埋没しがちな請求権としては組み立てにくい日常的に生起する労働紛争への配慮も合わせて必要となろう。

▶2　行政型ADR

　主に消費者や被害者の救済といった政策的な目的に基づき実施されているのが，行政型ADRである。

　例えば，消費生活センターや国民生活センターあるいは「個別労働関係紛争の解決の促進に関する法律」（平成13年10月1日施行）に基づく都道府県の労働局の紛争処理などがある。また，近時では，文部科学省の原子力損害賠償紛争解決センターもこれに属する。

　もっとも，行政型のすべてが政策目的というわけではなく，建築紛争に関する国土交通省や都道府県の建設工事紛争審査会のように古くから存在する専門型ADRもある。

　このように行政型ADRにも様々なものがあり，一概には言えないが，このうち政策的な理由によるものは，利用が無料のものが多く，使い勝手の良いものになっている。ただ，一定の政策目的が存在することから，何らかの基準を

設けて利用者の公平性を確保する配慮が働きやすい特徴がある。

　行政型ADRの展開は，ADR拡充の一態様ではあるが，当事者の自律的な解決を目指す考え方からすると，それとはやや異なった経緯で生まれたものである。そこで，政策的な目的の実現に留まらず，合わせて事案の個別性に配慮して，個々の当事者のニーズにも応えられるシステムを如何にして構築できるかが課題となる。

▶3　民間型ADR

　司法制度改革において，ADRの拡充・活性化を目指した際に，その理由として，民間機関によるADRが十分に機能していないことに対する反省が指摘された。

　その結果，制定されたADR法の最大の意義は，弁護士法の例外として，弁護士以外の者が手続実施者になり，独自にADR機関を設置することに道を開いたことにあったと考えられる。

　この結果として司法書士会，行政書士会，土地家屋調査士会など多くの隣接法律専門職種の団体が，ADR機関を立ち上げた。また，製造物責任法制定時に作られた自動車の業界団体によるものなど，ADR機関として様々なものが生まれた。

　他面で，ADR法の下では，こうした機関の設置には，法務大臣の認証が求められ，一定の規律を受けるとともに，手続の実施にあたって，弁護士の助言が必要とされている。また，認証を受けたADR機関の利用には，時効中断効や調停前置の代替効，訴訟手続の停止効が認められている。

　しかし，実際にADR法が狙いとしたADRの拡充・活性化につながっているかというと，その申立ての実情を見ると，年間申立件数で5件に満たないADR機関が多く，機関は作ったものの利用が十分になされていない状況になっている。

　その原因は，どこにあるのだろうか。そこには，ADRをめぐる問題の難しさが端的に表れている。すなわち，例えば，職域拡大的な意図から機関を立ち上げても，利用者のニーズをうまく吸い上げられてない状況が存在する。

　特に，ADR全般に見られる現象として，相談の件数は多くても，それが調停などのADRにまで結びつかない。その理由については，相談担当者が，ADRの仕組みを十分に理解しておらず，ADRに向いた紛争が申立てにつなが

らないこともあるが，相談のあり方自体が評価的で完結的なものだとADRには移行しづらく，相談過程自体の改革が合わせて求められている。

また，最近は，弁護士会ADRなどでは，分野別の専門型ADRの隆盛が著しい。例えば，医療，金融，国際家事事件などの分野である。

これは後述する専門性ニーズに基づくともいえるが，事態はさほど単純ではない。例えば，金融ADRや国際家事ADRなどは，行政規制やハーグ条約との関係などの政策的配慮に基づきADRが必要とされ，そこに弁護士が関与するという行政からの請負型ともいうべき性格を備えている。

これに対して医療ADRは，少し異なった事情の下で，弁護士会をはじめ幾つかの機関がその設置・運営を行っている。

もともと医療事故の被害者は，金銭賠償を求めるだけではなく，謝罪，真相究明，再発防止など多様なニーズが存在することから，ADRにはふさわしい紛争であるといえる。

ただ，その場合に特に論点になるのが，医療専門性をどう捉えるかという問題である。すなわち，医療紛争では過失や因果関係といった法的な争点との関係で，医療専門性が問題とされることが多いが，この点に争いがあると，そこで手続が膠着してしまう。この問題は，むしろ，専門性ニーズとして後述するように，医療ADRにおける医療専門性を，訴訟における専門性とは異なった視点で考えてみる必要があろう。

また，利用者調査の結果によると，弁護士会ADRにおいては，現在もなお，司法型ADRにおけると同様に別席方式で手続が行われている場合が多いと報告されている。しかし，それでは，民間型ADRの特徴が十分に表れず，利用の誘因になりにくい。ADRが，様々な社会的な実験の場であることからすると，既存のやり方に捉われてしまうと，新たな展開はあまり望めない。そこでは，民間型ADRが如何に司法型ADRと差別化して特徴を見出していくかが問われている。そのためには，後述するように法専門家の意識改革が求められている。

§*3* ——ADRのニーズから考えるシステム論の展開

ADRの特徴として，これまで利用者のニーズを効率性，専門性，日常性という3つの視点から考えることが多かった。これをADRの現状との関係に引

き直すと，3つのニーズから，これからの紛争処理システムとADRのあり方を考えていく方向性が見えてくる。

▶1　効率性ニーズ

　司法効率型ADRの典型例としては，例えば，公益財団法人交通事故紛争処理センターがある。これは主に損害保険会社の基準による賠償額の提示に納得できない被害者が，裁判所や弁護士会の基準を使うADR機関を利用することで，より高い賠償額の実現を簡易・迅速に目指すことを可能とする手続で，その利用目的は比較的シンプルである。

　しかし，このような損害賠償算定基準のダブルスタンダードを最初から前提とした手続は，制度の在り方として，かなり特異なものである。確かに自らの権利の実現のために，大きな苦労をした者が，多くの賠償額を得る構造は理解できる。しかし，それが制度化されADRという形で展開されているところに，交通事故賠償のあり方をめぐる問題の複雑さを物語っている。

　効率性ニーズに基づくADRは，多様なADRの併存という状況を考えると，十分な存在意義があり，利用者も比較的多い。他面で事案の個別性より，どうしても定型的・画一的な処理になりがちで，二流の正義と呼ばれる事態を招来しやすい難しさがあり，この点にどう対応していくかが課題となる。

▶2　専門性ニーズ

　金融・医療・建築などの専門型ADRは，訴訟で見られる専門部や集中部の仕組みと同じように，当該紛争の専門性を反映している。そしてこの問題の背景には，ADRにおいて，専門性をどのように位置づけるかという基本問題が存在する。

　すなわち，事案解明のために専門的な知見が必要であることは否定できないが，これを後述する当事者の日常性ニーズから考えた場合に，どのように捉えられるかという問題である。

　そもそも，日常性ニーズからすると，専門性は日常性の阻害要因として作用しやすい。なぜならば，当事者にとっては，専門的知見が難解な専門用語によって客観的に示され，よくわからないままに結論を導かれてしまうのではないかという不安につながるからである。

　そこで，ADRにおける専門性の理解は，訴訟の場合の専門性とは異なった

視点で考えてみる必要がある。例えば，医療ADRにおける医療専門性は，あくまでも紛争当事者間の対話促進のための有効なツールとして機能する。すなわち，「なぜ事故が起きてしまったのか」という当事者の紛争の原点へのこだわりに，しっかりと寄り添うためのものである。具体的には，医療機関側の主治医が審理期日に出席して直接に起こった事故のことを，医学用語をわかりやすい言葉に置き換えて説明をし，また，事故についての自らの認識や評価を述べることによって，患者や遺族は，初めて事故や相手方への理解をより深めることができる。

　これに対して，対立状況の中で，紛争当事者ではない第三者である医師が自らの専門的知見によって，事故についての認識や所見を説明しても，それは一つの見方に過ぎないとして，訴訟における鑑定の役割と異なり，それに対応した現実的解決にはなかなか結びつきにくい。特に過失や因果関係などの法的評価に争いがある場合には，結局訴訟によらざるを得ないことも多い医療ADRの現状はこれを物語っている。

　訴訟における医療専門性は，これまで法的責任の有無を導き出すための証拠資料として位置づけられてきた。すなわち，当事者から異なった私鑑定が提出されたり，裁判所による鑑定が行われて，裁判所の知見を補充する役割を果たしている。そのため，当事者は，どうしても手続から疎外されがちで客体化される構造を持ってしまう。

　また，ADRにおける法専門性も，似たような側面を持つ。すなわち，法情報は，その示し方自体が重要な論点であるが，後述のように，あくまで示された内容が，当事者自身が自らを振り返るツールとしての役割を担わされているに留まるものであろう。

▶3　日常性ニーズ

　各種ADR機関における調停やあっせんという実際のADRの姿だけを見ていくと，その具体的展開には，各種の限界が存在している。例えば，弁護士法の規制やADR法による認証の必要などの制約もあるが，申立件数が少なく，十分に利用者のニーズを引き出せていない現状はこれを端的に示している。

　しかし，人々の日常に目を転じると，日々の行動には，第三者が誰かと誰かの間に入って共に関わるという展開がいつの間にか成立していることが多い。そして，相談・交渉・ADRは，連続した一連の過程であり，これをバラバラ

に把握していては，現実の複雑な事態の展開に対応できない。

　特に，ADRでは，第三者が複数の当事者に同時並行的に関わっていく特徴がある。こうしたADRの基礎構造を踏まえないで，現実の制度を語ってもその本質は十分に見えてこない。

　このように考えると，これまでのADRにおける制度や手続のあり方を当事者の視点に立ち返って見直す必要がある。また現場に密着したミクロな次元での関わり合いが求められていることに気がつく。

　こうした日常性ニーズに基づくADRの機能や実際的な技法の検討は，まだ十分に開花しているとは言い難い。

　そこで，ADRの現状認識に対する具体的な対応として，日常性ニーズに十分応えられるADRシステム論の形成が強く求められる。それは何を構成要素とするもので，その満たすべき条件や課題は如何なるものだろうか。これを次に検討しよう。

§**4** ― 新たなADRシステム論の展開の必要

▶*1*　ADRシステム論の出発点

　以上のような検討からすると，従来のADR論には，制度的・手続的な実態を所与とする限界が存在している。つまり当事者目線の日常的なニーズには十分に応えられず，むしろそれを抑え込んでしまうリスクを抱えている。

　そこで，当事者のニーズを引き出す手続の意味を考える視点から，もう一度ADRのあり方を捉え直す必要がある。そして日常的な試みの延長線上に制度的なADRを組み込んでいく多層的・重層的な方策を目指していく。

　すなわち日々のソフトウエアとしてのADRの考え方を基盤とし，それを制度としてどのような形で体現するかという展開形態として，ハードウエアとしてのADRを構想する。

　従来から，手続の具体的なあり方として，評価型や対話促進型などのADRモデル論が唱えられてきた。しかし，まずは，それ以前の当事者間の関係性のあり方自体を，もう一度見つめ直し，当事者の視点からどのような紛争の生起と展開が描けるかを考えることが求められる。そして，そのような日常的なADRを生かす理論と実践の方法が，第**3**章以下で展開されるメディエーショ

ンの考え方である。

▶2　ADRシステム論の基本要素

　こうした日常性を基盤とした新たなADRシステム論のあり方を検討するには，これからのADRが持つ基本要素を確認しておく必要がある。実際のADRは，これらの要素が相互に影響を及ぼしあって，ひとつのシステムを構成している。以下，これを分節する。

【1】　対話過程の捉え方の基本

　ADRの背後には，当事者間の対話が存在している。この対話過程を，どのようなものと捉えておくかが重要である。

　紛争状態を前提とすれば，「分かり合えないからこそ対話が可能になる」というところから始まる。これは安易な相互理解は不可能であるが，相互性のある対話によって，そこから新しい意味を生成することが可能になる筈であるという認識に基づく。

　この場合において大切なことは，「聴く」過程と「話す」過程を分けてみることであろう。すなわち，当事者相互の言い合いではなく，「なるほどあなたはそう思うのか。ところで私はこう思う」という言葉の双方向的なキャッチボールができることが必要である。当事者双方が，互いの世界を認識しあうこと，そしてそれに加わる第三者が，双方の世界を共有するところからADRの対話過程が始まる。

　同席ADRの最初の約束事として，よく行われる「相手が話をしているときに途中で遮らない」という説明も，このような考え方に基づいている。

　相手の話を聴く過程は，自らが言いたいことに耐えて，自分自身との内的対話につなげていく契機になる。また，そこに第三者が加わることは，問題を一人で抱え込まずに，共通の課題を外在化して人とつながる言葉に変えていく役割がある。

　この場合の第三者は，必ずしも特定分野の専門家である必要はない。むしろ，第5章で詳しく検討されるように，例えば，実際には手続実施者による法的助言の提供は手続的公正に反することも多い。もっとも様々な立場の者が手続実施者として参加すること自体には意味があろう。例えば，家族間調整の場合（いわゆるファミリー・メディエーション）に，法律家と心理臨床家が，クライエントこそ専門家であるという「無知の姿勢」を共通基盤としつつ協働する場合など

が考えられる。

　そして，当事者が様々な人々と会話を交わすことを通じて，自らの立ち位置を振り返り，方向性を模索することを可能にする。また，様々な領域の第三者が加わることで，対話過程が重層構造となり，他者の視点から考える反省的実践の契機にもなりやすい。

　もちろん紛争主体は，当事者自身であり，多声的な声が響きあう過程の中で変化は起こる。こうした第三者を交えた水平的な会話が当事者に反映され，自分自身への垂直的な振り返りへと向かうことを可能にする。これは，もとより一般論へ還元するためのものではなく，あくまで当事者限りの個別的な関わり合いの諸相である。

【2】　マインドとスキル（技法）の相関

　第三者が，声を聴くというマインドを持っているだけでは，手続の実際はなかなか変わらない。すなわち，マインドを具体化していくためのスキルが必要である。スキルとは，言わば心を形で表して他者に伝えていくための工夫である。特に，メディエーションでは，こうした様々なスキルを身に着けることが，適切な関わり合いを行うために必要となる。具体的なスキルについては第6章で詳しく検討する。

　もっとも，スキルは，マニュアルと違って状況依存的なものであり，その具体的あり方や必要性は，マインドに裏付けられた場面ごとの瞬時の判断が求められる。

　また，スキルは，それを習得していく過程を経て，実際の現場では，意識せずに自然に使える必要がある。これを喩えると，柔道で色々な技を覚えて次第に習熟すると，実践に至っては，自然に体が開いて技が出ているのと似ている。その意味で，スキルは忘れ去られたときに完成する。

　また，それぞれのスキルは断片的に存在しているわけではない。すなわち，どのようなマインドを体現するかについて自覚的であることが求められる。そのためには，手続の流れに関して基本的なイメージを持つことや，どの段階で，どのスキルを使うことに意味があるかを十分に理解することが大切である。例えば，手続の前半では，聴くためのスキルを重視し，後半に至って，聴くことをベースとしつつ，徐々に共に考えるスキルを織り込んでいくなどである。

　そして，スキルの持つ意味とマインドとの関係を常に意識することは，どのような場面でスキルを使うかの注意を促す意味を持つ。手続の望ましい展開は，

マインドを体現するスキルが適切な場面で使われていることで担保される。

【3】 専門家の意識改革の必要

ADR論を考える基本的前提として，まずは，法や医療その他の各種専門家の意識改革が求められる。

最近は，専門性ニーズの高まりに対応して，専門家が自らの専門性を生かす場として，ADRを考えるという発想が強くなっている。

しかし，前述したように，このことは反面で専門性が当事者の素朴な疑問や様々な思いを否定するツールとして使われるリスクを内包し，当事者が手続から阻害される結果ともなり得るものである。

そうだとすれば，まずは，第三者となる各種専門家が，自らの専門性を一旦棚上げして，丁寧に当事者の声を聴くところから始める必要がある。

特にADR過程では，それぞれの当事者は異なる声を発し，そこで語られる物語的事実や主張も大きく異なっていることが多い。そうした現実を前に，第三者は，どのような関わり合いの作法が求められるだろうか。

この場合の第三者の役割は，あくまで当事者の目線で，紛争がどのように見えているのか，何にこだわっているのかを丁寧に認識していくことから始まる。

また，制度的なADRでは，そうした当事者のこだわりを受け止められる柔軟な組織や規律が確保されているかが問題となる。すなわち，例えば，期日は3回までの実施を原則とするなど細かな手続ルールによる進行が求められるとすれば，当事者のこだわりとどう折り合いをつけられるかが問題となる。

この場合，ADRにおける手続規律の考え方を，当事者や事件の特性との関係で，どのように修正し得るかが問われている。このことは，民間型ADRでは，時として枠や形にとらわれない手続が求められる理由を端的に示している。

【4】 代理人役割論

ADRにおける代理人の役割をどのように考えるかは，これまで十分に議論されてこなかった論点である。

実務の現状では，訴訟における代理人のあり方の延長線上で，その役割が捉えられてきたと言える。すなわち，法規の要件事実を前提とした主張・立証の考え方をADRの代理人についても基本的に維持しようというものである。

しかし，自己の正当性を明らかにするために，エビデンスで関係者を納得させるという手続構造は，言葉や関係性のあり方に依拠するADRのコミュニケーション構造とは異質のものである。エビデンスとして現れたものしか考慮さ

れないならば，それは対話過程とは言えない。

　ADRの特徴は，人と人との間に起こる対話過程を重視し，関係性の変容の中から別の新しい可能性を探っていくものである。

　そこで，ADRにおける代理人の役割も，当事者本人双方のコミュニケーションを円滑に促進することにあり，当事者に有利な主張を代弁するためのものではないという認識が必要となる。すなわち，まず，自己の依頼者の解決能力を引き出す点に注力すべきであり，相手方の話にも耳を傾け，双方が新たな認識をもって一歩を歩みだすために何が必要で，何が不足しているかを共に考えながら多角的に依頼者をサポートしていく。

　すなわち，当事者と一体化するのではなく，また手続実施者のような第三者ではないが，自己の依頼者に寄り添い，その目線で問題を見据えながら，他面で，紛争全体の特性や相手方の存在も，しっかり視野に入れ，複眼的に手続に関わることが求められる。

　この点は，手続の進め方にも関係している。別席手続では，対話構造にはならず，代理人は一方向的に手続実施者に対して，自己に有利な主張を述べ，その正当性を明らかにしようとしてしまう。

　そうではなく，代理人は，同席手続で，当事者の傍らにいて，本人が発言しやすいように促し，また相手の発言を受け止めることで，本人が事態を整理し，新たな一歩を踏み出せるように手続構造を共に組み立てていく役割を担っている。

　特に制度としてのADRでは代理人が付くことも多いことから，その役割の再検討が求められよう。

【5】　ソフトウエアとしてのADRの実際

　ADR機関以外での日常的な出来事をめぐる紛争調整は，多くの場合，審理期日を開いて手続を行うわけではない。この場合，第三者は，両者と個別に面接をし，その間をつないでいく，いわゆるシャトル構造になることもある。例えば，職場や学校における社員や学生同士のトラブルに労務担当者や教員が第三者として関わる場合や，あるいは友人同士のトラブルに別の友人が関わる場合などである。

　この場合，第三者は，双方の当事者と交互面接を繰り返していく。その際，転移や逆転移と呼ばれる現象，すなわち当事者との間で，相手方や自分自身に対して個人的な感情を生じないように配慮しながら，それぞれの立場に立って

共に考え，その個別面接における変容の過程を，その時々につなぎ合わせて，その方向性を模索していくプロセスとして描くことができる。

▶3　新しいADRシステム論のあり方

　ADRが司法の効率化，行政的救済あるいは専門的対応といった，それぞれの目的や性格の違いを強調して，多様性を追求できることは，その重要な特徴である。

　しかし，ADRが，つねにもう1つの声や物語を生み出し，新しい一歩を目指そうとするならば，ともすると固定的なものを求める動きに結びつきやすい。

　これまで述べたように，紛争処理システムとADRの問題を考える場合に，既存のADRを分類して類型化したり，その特徴を明らかにするだけでは，ADRの本来の姿を十分に描けない。すなわち，トップダウン方式による制度論や類型論あるいは手続論からいったん離れて，新たなADRシステム論の形成が求められる。

　従来のシステム論は，どうしても制度設営者の視点からの現象的な考察が中心となり，ADRが本来持つパトスを十分伝えきれていない。そのことがADRが十分に拡充・活性化しない一因をなしていよう。第3章以下で展開されるメディエーションの考え方は，ADRの新たな方向性に大きな示唆を与えている。

§5 ── ADRにおける第三者役割論の具体的な展開

　以下では，ADRというシステムの中核をなす，第三者役割論の具体的なあり方について，メディエーションの考え方に依拠しながら，実践的な観点から，そのプロセスを検討してみたい。

▶1　こだわりを受け止める

　当事者は，別々の世界を見ており，何かにこだわるところから紛争が生起している。第三者の役割は，当事者の視点で，紛争が，どのように見えているのか，何にこだわっているのかを丁寧に認識していくことから始まる。

　そこでの当事者のこだわりはさまざまである。例えば事実にこだわる場合，相手の態度にこだわる場合，自分の見解にこだわる場合，手続の進め方にこだ

わる場合，強い不安を示す場合など，その態様は人それぞれである。

そして，当事者がこだわりの対象とするものは，第三者からすると仮説の争点である。訴訟の場合は，法規範を大前提とし，事実を小前提としてあてはめを行うという法的三段論法によって結論を導く。

これに対してADRでは，こだわりの対象を，とりあえずの争点として，その背景にあるニーズや関心を探っていく。その場合のスキルとして，第6章で詳しく論じられるIPI分析などの手法が採られる。これにより，当事者双方の共通の背景が描けていく。

また，当事者から語られる争いの対象を話し合うことで，従来の関係性をもう一度見直したり，こだわりがほぐれたり，当事者間で語り得る別のことに気がつく。その場に集うものは，こうした仮説の争点に向き合うことで，新たに生まれるものに丁寧に目を向けていく。こうした場面での傾聴は，対立をエスカレートさせている背後にあるものの存在を聴き取ることにつながる。そして，語られた言葉が，反対に何を隠してしまっているかを考えることは，仮説が仮説にとどまることのもう一つの意味である。

▶2　対話というプロセスを掘り下げる

当事者は，相手方の視点やこだわりを認知することで，自分自身の声や物語との擦り合わせを行う。もちろん，その結果として，混沌が克服されたり，問題解決のための糸口が見いだせたりするわけでは必ずしもない。

しかし，第三者は，容易に諦めることなく，混沌の物語の証人として，まずは，その場に佇む。時が来るのを待つ。何らかの変化を生み出すかもしれない不安定さに耐え続ける。その役割は，混沌を当事者がいかに受け止め，どのような物語を紡いでいくかを見守っていくことにある。

第三者の役割は，当事者が，表面的な争点の背景にまで自分自身と相手方との関係を掘り下げ，感情や体験を共有し，共通の認識や共感が育まれていく過程を共に描くことにある。

そのような役割を第三者が担うためには，両者に対して受容的な態度をとり，その人自身の持つ自然治癒力や問題解決能力に対する信頼が必要となる。この人には話をすることができる，この人なら自分の言うことを，ひとまず聴いてくれ，安易な評価的態度で接せられることはない。それは，人に対する信頼を軽々に求めるものではなく，そのような時々の振舞いの姿を当事者が自らを励

まされたものとして受け取るために必要とされるものに過ぎない。

メディエーションの技法としてのパラフレージングやリフレーミングも，当事者のこだわりにどう関わり，あるいは対話のプロセスを掘り下げていくために必要なものである。また，問題を外在化する対話は，問題を人の外部に存在するものと捉え，人に対する非難より，問題を中心に当事者が共通の視点から考えていくための技法である。

▶3　共振性や即興性

第三者は，固定観念を持たず，当事者と共に揺れながら，動きを一緒に飲み込んでいく深い受容性，あるいは，それによって動きそのものが変わっていく可変的な視座を持ち，しかも自分自身が反省的な認知と実践の枠組みを兼ね備えていることが求められる。

対話は，基本的には，当事者同席の場から育まれていく。同席での何気ないやり取りから，突然に生み出されるものや，新しく芽生えるものに出会う。また，話し合いを重ねると，関係者間に「信頼関係」といった堅苦しい言葉とは異なる何かが共振しあう関係が育まれることがある。

これは，当事者と第三者の中に育まれる関わり合いの作法であり，それは一回的なものであれ，持続的なものであれ，紛争への変容力を持つ。

そして，第三者は，その場で瞬時に反応する。その細やかなやり取りが，事態展開に微妙な影響を与えていく。意識をニュートラルにして，予期せぬ事態にも対応できるように力を抜いて視野を広く保つ。当事者から語られた言葉に触発され，理解を深める質問を行い，具体的な希望を述べてもらうなど，時々に思い浮かぶ気持ちに即した対応を瞬時に返していく。問われているのは，つねにあくまで「今ここ」での振舞いである。技法は，即興性によって，そのあり方を問い直されていく。

▶4　時間という要素

ADRにおいては，時間という要素が大きな意味を持つ。すなわち，当事者は一度にすべてのことを考えて対応することは困難である。時間的経過の中で，その人の内部において問題が整理されていく。特に対話が相互作用である以上，相手の対応を踏まえて，考えを深めていく時間が必要である。第三者は，この点に十分に思いを致し，時々の変化を踏まえた対応を考える必要がある。

当事者自らが，何かを発見していくプロセスには，多くの迷いや悩み，そして痛みが伴う。第三者は，そのような状態に寄り添って，当事者の対話過程の中から，事態展開の手がかりが得られる場作りを行う。当事者自身の内なる声が組成されていくのをじっと待つ。

　第三者は，こうした時間的要素を十分に考慮に入れ，臨機応変に動くべき時は動き，待つべきときには待つ姿勢が求められる。

　また，沈黙の重要性を指摘できる。楽器の演奏におけると同様に，どこでどんな音を鳴らすかと同様に，どんな音を鳴らさないかが，とても重要である。当事者が黙っているときには，何かを深く考えていて，事態展開の転機を招来することがある。

　また，時間の持つ作用は，当事者との距離の取り方にも関連する。第三者は，当事者と適度の距離を物理的・時間的に確保しておくことが，当事者からの依存性を強めず，自ら考える力の熟成につながることがある。例えば，事務的な事項については，別の第三者として手続管理者を介して連絡を取るといった具合である。

▶5　中立性や公平性との関係

　第三者は何かを判断する存在ではない。したがって，正しいものが何かを想定する必要はない。中立や公平という言葉の背後には，何らかの正しさを基準とした判断が潜んでいる。正しいか，間違っているかで分けられないところに，紛争の質感がある。

　第三者が中立や公平を口にするとき，それは，当事者の動きを止める抑止力として使われる危険を常に内包している。むしろ当事者の傍らにいて，その声に耳を澄まし，それぞれの物語を素直に受け止め，わかりにくい点について疑問を述べ，それぞれが考えを深めていく。求められるのは，当事者の意思や自律を尊重し，両者が同じように振る舞えるという紛争調整過程自体に求められる力の働き方に過ぎない。

　もっとも，中立という言葉の見方を変えて，両者の関係性の中での自らの立ち位置を意味すると考えると，第三者が自分自身をもう一度見つめ直すことができる力を含意している。しかし，それは対外的に示される力ではない。

▶6　同席の意味と課題

　前述したシャトル構造になるADRのような場合は別として，通常のADRでは，当事者同士の直接の対話過程を重視して同席手続で行う。

　もちろん，DVなどのケースによっては，当事者を傷つけないために，あるいはインテーク（Intake）の目的で，個別面談を最初に行って，カウンセリング的展開を行う場面もあり得よう。そこで，同席に耐えられそうかをイメージしてみる。しかし，可能な範囲で早期に同席に切り替える慎重な配慮が求められる。また，ケースによっては，話しが行き詰まったときや最終段階で問題点を整理するために別席手続が有効な場合もある。

　同席手続の難しさは，対立的な紛争当事者の双方が目の前にいて，その間の関係調整をしつつ手続を進めていくところにある。

　別席の場合には，それぞれの当事者から話を聞いて，第三者が，いわば手続をコントロールしながら，相手方に伝えるべき内容を変容させ，また組み立てを考えながら進行する。しかし，この方法では，当事者が，言いたいことを直接相手に言えないため，当事者自身による主体的・自律的な活動ができず，対話が形成されにくい。

　重要なことは，第三者として，目の前で繰り広げられていく事態を，非言語の部分も含めてしっかりと把握し，瞬時に反応できることである。そのためには次のようなことが求められよう。

　まず，一対一の相談過程の関わり方に日頃から習熟しておくことである。すなわち，対立当事者に関わる前に，相談過程で十分に話が聴ける力を身に付けることが肝要である。錯綜する対立当事者の話の現象面に捉われないで，その背後にあるものを把握していくには，本質的なものを見極める力が必要となる。そのためには，ADRの前段階である相談過程の十分な経験が意味を持つ。当事者自身の解決能力をどう引き出していくかは，比較的落ち着いた相談過程の経験によって培われる。

　次に，同席の場で，両当事者を常に同時に見ていられる視野や視界の広さが求められる。一方が話をしているときに，他方が，どのように反応しているかなど，常に全体状況を見ながら手続を進めることが必要である。

　最初は，なかなか両当事者を同時に見ることが難しいと感じることがある。そのために，ひとつの机の前側に両当事者に並んで座ってもらったりするが，それでは第三者と当事者の対話過程になってしまう。

あくまで両当事者の対話になるように，しかも第三者の視野に同時に入るように席を調整し，三者間で，同時並行的に対話が成立する工夫をする。

　また，視野を現実的に確保するためには，力を抜いて，目の前でどのような展開となっても，その動きに付いていける柔軟性や何事にも動じない安定性が求められる。例えば，目の前で言い争いが起こると，慌ててなだめようとしがちになるが，対話過程にはそうした展開も時には必要だと考えてみる。

　第三者は，当事者間に十分な対話が展開されるように，当事者から課題を引き出し，次の動きにつなげていく。その方向性は，あくまで当事者自身が決めることであり，いわゆる「落としどころ」を想定しない。

　こうした展開は，「その場に当事者と共にいる」という共通感覚を持てることが前提となっている。対話とは，声を響かせ合うことで，身体的にもその場に同調することによって，未だ語られていない経験に言葉を与えることが初めて可能になる。

▶7　法や規範の取扱い

　ADRは，第三者が，まずは，法や規範あるいは，「正しさ」や「真実」にこだわらないところからスタートする。多くの場合，法的情報は，請求を求める側に対して制約要因として作用する。当事者の自律は，内なるパワーであるが，法は，外からのフォースである。このため，当事者の対話過程は法的世界によって狭められてしまう。

　むしろ，第三者の役割は，各当事者とコミュニケートをしていくことを通じて，それぞれの当事者と共に考えるという意味合いが強い。また，制度的な公正らしさは，かえって当事者の自律性を押え込むことがある。詳細な事実や理由をせっかちに求めず，また規範に安易な解決をゆだねず，不確実さや不思議さ，懐疑の中に立ち止まる力や，答えの出ない事態に耐える力が必要である。

　法を使う者は，謙虚に，当事者の声に深く静かに耳を傾け，自らの固定的な物語に誘導することなく，法そのものを個別性の前に変容させ，つねに脱構築していく努力が求められる。

　他面で，当事者自身も，法情報が自分にとってどのような意味を持つものであるかを考え，自らを振り返るツールとして，自己の物語と折り合わせていく。

　その過程は，決して生易しいものではないが，当事者と法のそれぞれの振舞いが，個別的なるものの前に共振し合う関係が育まれることが，既存の法の枠

組みを乗り越えつつ，他者との関係性をもう一度取り結ぶために求められている。

▶8　第三者の自己物語との関係性

紛争調整過程は，第三者自身が，自分自身の存在のあり方を問われる場面でもある。

自分は，今は，たまたま第三者として，この場にいるが，常に一人の当事者自身でもあるという当事者性を失わないことが合わせて求められる。

専門性や常識とされるものを，具体的な文脈の中で相対化し，その使用が当事者にどのような可能性と危険性を合わせ持つかを慎重に吟味し，時には，自らの仕事や立場のアイデンティティの危機に直面しながらも，自他の自律とつながりの両面を強めていけるような関わり合いを探り，その責任を引き受けていくことが求められる。

第三者は，どのような物語も存在し得て，何が起こるかわからないという不安定さの中で，方向性を探っていくしかない。当事者と共に揺れながら，合わせて他者としての目を持ちつつ，展開していく物語は，どこかの方向へと向かう。それは，事態の収束という方向でなくても，第三者はその場に居続けるしかない。辿り着くことの難しさにたじろがないことは，変容への道を切り開くための貴重な一歩である。

であるがゆえに，個別的なるものの検証は極めて重要である。それは，第三者が自分自身を捉え直し続ける反省的実践に支えられたものである。

▶9　語られていないものと語り得ないもの

ADRに求められているのは，いかにして語られていないもの，語り得ないものに辿り着くことができるかである。第三者は，プロセスを積み重ねていくことの先で，こうした壁や疑問に直面することになる。

語られていないものを言語化することには特別の意味がある反面，語り得ないものとしてあくまで当事者に委ねるべきものでもある。第三者は，こうしたあいまいな状況に身を置き，その不安定さをそのまま引き受けていくことが必要となる。

血反吐を吐く思いをしつつ紡がれた声や物語は，時として思わぬ展開で相手方に届く。法の物語を語る者も，仮面の背後に自らの声がある。仮面の僅かな

隙間から変化の兆しが見えたり，語られなかった出来事も，その理由が何らかのきっかけで示され，考える手がかりが得られたりする。交錯した物語のやり取りから両者の接点が発見される。他者の語りこそ自己の固まった物語を揺さぶる契機である。

　求められることは，あくまで認知の枠組みに，隙間をつくることである。新しい物語と呼べなくとも，相手方への少しの気づかいや，事案に真摯に向き合う姿勢，自分の思いを受け止めてもらえたという経験，直接の当事者自身の出席や声による説明などの，小さな積み重ねが事態を僅かでも変えていく。

　もともと第三者の役割は，語られていないものや語り得ないものを解明するところにあるのではない。当事者自身がそうしたブラックボックスの存在に気づき，自らと他者との関係性について，再び考え直していく手がかりを見出していけるように，そっと手を差し伸べることである。

▶10　合意

　対話には結論は存在しない。対話はプロセスがすべてである。当事者が対話のプロセスを経ていること自体に意義を見出す。そのため，プロセス自体を豊かなものにしていく必要がある。求められるのは，当事者間の関係の変容であり，合意は，たまたま当事者間のやり取りの結果が反映したものに過ぎない。

　当事者間で，合意の生まれるプロセスは多様である。課題を特定し，当事者に複数の選択肢を考えてもらい，相互に了解可能なものを形成していくといった手法は，あくまで一般論としての意義を有するに留まる。

　現実には，むしろ当事者が色々と話し合ったものの，行き詰ってしまったところから初めて対話が始まる。様々な小さな変化を生み出す出来事の積み重ねと，長い時間を共に語り合ったという関係者の姿勢や佇まいの変化が収束へと向かわせる要因になったりする。

　お互いの言葉を手がかりに考える時間を持つこと，確かめながらゆっくりと考える時間を共にし，分け合う方法を模索する。和解における互譲という言葉は，お互いが譲り合うことを意味するが，むしろ，展開される事態を見つめ，当事者の中で新たな思いができるのを待つ。

　もっとも，お互いにとって新しい一歩を踏み出すためのプロセスの一態様として合意を位置づけることは可能である。

　合意は，結果というよりは，当事者自身が，自らをどう区切りをつけていく

かというそれ自体がプロセスそのものである。

▸11 まとめ

　ADRという試みは，紛争処理システムの一翼を担いながら，様々な価値を取り込める多様性・多声性を有している。各個人が他者との共生の中で，何を支えに生きていくかがわからない状況で，どう振る舞うかが問われている。それは，専門性や政策目的や効率性といった他者の物語を展開する場である以前に，人々の多声的な声を聴く，日常に根差した試みとして繰り広げられていく。

　認証ADRの現状が示しているように，ハードウエアだけを充実させても，ADRは十分に育ってはいかない。相談機関や相談過程との連携を言葉で語ることはできても，それを実践していくことは容易なことではない。それは，人々の潜在的な意識に関わる問題であり，相談に訪れる人の自律的な紛争処理志向を，どのように現実の形として表していくかが問われている。そのためには，日常そのものがADRであるような環境や状況をまずは作り出していくことが求められよう。

　第3章以下で示されるメディエーションは，そうした日常性を基盤とした人々の関わり合いの作法を示している。そして，ADRを含めた紛争処理システムの構築は，こうした身近なところから，ボトムアップとして作りあげられていく筈のものである。最初から制度や機関ありきのトップダウンではシステムは十分に機能しない。システムは，もともと個人のためにあるものの筈だからである。

　ADRの存在意義は，その意味で当事者と第三者との私的な関わりあいが，そのまま最もパブリックであるような場を，今ここに作り出していくことにある。

第**3**章

メディエーションの理論と特質

§**1**──メディエーションとは何か

▶*1* メディエーションと調停

　前章までにおいて，「メディエーション（Mediation）」は欧米圏における
ADRの展開において重要な位置づけをもち，また日本における今後の新しい
ADRの展開形態であることが示された。

　本章では，このキー概念である "Mediation" について説明する。Mediationは
日本においてしばしば「調停」と訳されるが，本書では一貫して「メディエー
ション」というカタカナの用語を充てている（なお，英語発音では「ミディエー
ション」に近いのでこのカタカナを充てる論者もいるが，本書では一般的呼称である「メ
ディエーション」を用いる）。というのも，日本の「調停」は，かつて川島武宜
が「仲裁的調停ないし調停的仲裁」と表現したように，「裁断型手続（裁定,仲裁）」
と「調整型手続（調停，あっせん）」を不可分一体とする手続であって（「仲裁型
調停モデル」），Mediationとは全く異質なものと考えられるからである。すなわ
ち，日本において，Mediationを「調停」ではなく敢えて「メディエーション」
と呼称する場合，この「仲裁型調停モデル」を源流とする日本の調停論ないし
調停モデルに対する理論的・実践的批判が含意されている。

　そこで，以下ではまず，「メディエーション」と区別される「調停」とは何
であるのかを概観したうえで，「メディエーション」の理論とその特徴を詳し
く見ていくことにしたい。

　もっとも，前章で強調されたように，メディエーションの現実の機能を理解
し，そこでのあるべき手続規律を構想するためには，形式論・類型論を超えて，
実際のプラクティスの中での様々な問題に向き合っていく必要がある。ただし，
そうしたプラクティスの諸課題，諸論点を考察する際に，メディエーションの

図3.1　日本の調停モデル

出所：吉田2011：185頁「図2　調停者の役割モデル」より抜粋。

理念・モデルをどのようなものとして捉えるかは重要な指針となるであろう。本章の目的はその「指針」を読者に与えることである。

▶2　調停の類型論

　調停の種類についてはこれまで，諸外国の議論や概念的分析をもとに様々な類型論が提示されてきたが，日本の近・現代における調停の実情に即した類型としては，吉田勇教授の議論（吉田2011）が参考になる。吉田教授は，調停者の役割という観点から「指導性―応答性」（当事者のための解決援助―当事者による解決の援助）の軸と「判断性―合意性」（調停者の判断―当事者間の合意）の軸を交差させ，調停を4つのモデルに区分する。以下では，筆者の若干の読み込みを交えつつ，各モデルについて，主にⓐ調停の目的，ⓑ調停者の資質，ⓒ調停者の介入の態様・程度の3つの側面から説明することにしたい。

　まず，図3.1の左上の「①説得型調停モデル」は，調停者が当事者のために指導的に解決案の策定とその説得に努めるモデルである。調停者は両当事者の主張を個別的に聴取して（別席方式），解決案を作成し，この解決案を両当事者に提示・説得することによって合意形成を援助する。本モデルの特徴は，ⓐ調停の目的を両当事者が公正な解決（結果）を得ることに置き，ⓑ公的権威のある調停者がⓒ結論（合意案）への直接的かつ強い介入を行う点にある。典型的には，地域社会の有力者（社会的名望家，政治家など）や親族集団の本家の家長，裁判官などの権威のある上位者が両当事者（下位者）に公正な判断を示し，両当事者がそれを受諾（合意）する形をとる。明治期の「勧解」制度，大正期の各種の個別的な調停制度，戦後の日本の司法型調停の多くは，この①説得型

調停モデルをベースにしている。

　次に，右上の「②互譲幹旋型調停モデル」は，調停者が原則，同席式で，当事者間の相対交渉に積極的に仲介し，互譲（妥協的調整）を説いて合意形成（円満解決）を促す調停モデルである。このモデルの特徴は，ⓐ調停の目的を両当事者が円満解決（合意）することに置き，ⓑ徳望良識のある調停者がⓒ当事者の「互譲・妥協」を引き出すため，当事者の意思決定過程（プロセス）に強い介入を行う点にある。なお，本モデルにおいて，論理的には「調停者が介入せず当事者双方が各自の自由な意思決定に基づき一定の譲歩をしあう場合」と「調停者が当事者の互譲を促し，当事者の意思決定そのものに影響力を行使する場合」がありうるが，現実には後者であることが多い。その場合，「互譲・妥協」が調停の結果でなく目標として設定されることになる。

　このモデルは，典型的には，良識や豊かな社会経験，人生経験をもった調停者（地元の資産家，役人OB等）が，権利や利益を主張して争っている当事者双方に対して譲歩を要請し，常識的に円満な解決を強く勧める形をとる。このモデルは現行法においても一部制度化されており，民事調停法第1条には，「民事に関する紛争につき，<u>当事者の互譲により</u>，条理にかない実情に即した解決を図ることを目的とする」（下線は筆者）と定められている。本モデルに対しては，「マアマア調停」「足して2で割る調停（＝折半調停）」「ゴネ得調停」「強い者勝ち調停」といった批判がしばしば投げかけられてきた。そこで，昭和49（1974）年の民事調停法と家事調停法の改正により，調停委員の資格要件が整備され専門家の採用が進められるようになり，②互譲幹旋型調停モデルが支配的であった民事・家事調停のなかに，①説得型調停モデルが組み入れられたと言われている。

　左下の「③評価型調停モデル（専門型調停モデル，専門的評価型モデル）」は，調停者が当事者の求めに応じて専門的判断を提供し，当事者間の合意形成を支援するモデルである。このモデルの特徴は，ⓐ調停の目的を両当事者が「納得のいく自己決定（合意）」を行うことに置き，ⓑ専門知識をもつ調停者がⓒ（自己決定の材料としての）専門的判断を提供することを通して，両当事者の結論（解決策）に直接的・間接的介入を行う点にある。①説得型調停モデルの専門分化かつ主体化モデルといってよいだろう。典型的には，医療事故紛争，建築紛争，知的財産権紛争などの専門的な紛争類型において，当該事案の専門的知識をもつ調停者（弁護士，医師，建築士，弁理士など）が専門的判断を示し，両当事者がその判断をもとに解決案を策定する形をとる。裁判外解決手続の利用の促進に

関する法律（以下「ADR法」という。）第3条には，民間型ADRの目的の1つとして「専門的な知見を反映した解決」が謳われており，今日，この評価型調停モデルは一定の支持を集めている。

　なお，このモデルにおいて，調停者の専門的判断に同意するか否か，その専門的判断をどの程度考慮するかは，当事者双方が決める（自己決定する）という建前がとられている。しかしながら，実際のプラクティスにおいては，調停者が専門的判断の導入を「解決案（結果）のため」のもの（判断における専門性）とみるか，「対話促進（プロセス）のため」のもの（対話促進における専門性）とみるかによって，結局は，①説得型調停モデルか，次にみる④対話促進型調停モデルに包摂されることになろう。すなわち，調停者の判断や情報提示が解決案（合意）に直結する形で示され，紛争当事者が調停者の専門的判断に事実上，無条件に同意せざるを得ない場合は，①説得型調停モデルに接近し，専門的判断や法的判断が当事者の解釈を尊重する形で提示され，専門外の日常的ニーズも含めた対話の活性化がなされる場合には，④対話促進型調停モデルに接近することになると思われる。

　最後に，右下の「④対話促進型調停モデル（自主交渉促進型調停モデル）」は，調停者が当事者間の対話の促進を支援するモデルである。本モデルの特徴は，ⓐ調停の目的を両当事者が「納得のいく対話過程（協働意思決定過程）」を経ることに置き，ⓑ調停の手続主宰のトレーニングを受けた調停者がⓒ法的・専門的な評価，判断などを一切せず，両当事者の対話過程（プロセス）の促進を通じて，当事者間の情報共有・相互理解・関係の再構築を支援する点にある。典型的には，調停の理論・スキルを備えた調停者が，両当事者間の橋渡し役を担いながら，それぞれの思いや背景を共感的に受け止め，当事者による問題処理（関係調整）を支援する形をとる。日本においては近時，（院内）医療メディエーションで精力的に採用されているほか（第8章§3），ごく一部の家事調停，民間型ADRにおいて，この④対話促進調停モデルを基礎に，①説得型調停モデルないし③評価型調停モデルを組み入れたプラクティスが行われている。

　以上，日本の近・現代における調停モデルを概観してきたが，欧米圏で発展してきたメディエーションは基本的に，この④対話促進型調停モデルに相応するものである。アメリカで最もポピュラーなメディエーションの定義は，「当事者間の紛争で当事者自身が自発的に合意に達することができるように，メディエーターが当事者間のコミュニケーションや交渉を促進するプロセス」

（Uniform Mediation Act of 2001）とされる。すなわち，調停を「第三者が評価・判断を与える手続」や「円満解決（合意）する手続」として捉えるのではなく，「当事者による自律的なコミュニケーション・対話の促進プロセス」として捉えるのがメディエーションの真髄といえる。もちろん，アメリカにおいてもEvaluative Mediation（評価型メディエーション：①説得型調停モデルないし③評価型調停モデルに相応するモデル）やSettlement Mediation（妥協要請型調停：②互譲斡旋型調停モデルに相応するモデル）が実践，併用されている。とはいえ，2005年にABA（米国弁護士会），AAA（米国仲裁人協会），ACR（紛争解決協会）が採択したメディエーターの標準行動規範は対話促進型メディエーションを念頭に作成されており，メディエーションの主流があくまで対話促進型モデルであることに異論はない。この点は，説得型調停，妥協斡旋型調停を中心に発展してきた日本の潮流と大きく異なる（詳細は第**5**章を参照のこと）。

▶*3*　対話促進型調停モデルの理論的意義

　以上，簡単に，メディエーション（Mediation）に相応する④対話促進型調停モデルの位置づけを確認してきた。ところで，このモデルは言うまでもなく，第**1**章で言及された紛争論・紛争マネジメント研究の展開に強く影響を受け提唱されたモデルである。本項では，このモデルを先の紛争研究の展開と密接に関連づけ理解することで，対話促進型調停モデルの理論的意義を確認しておきたい。

【1】　「当事者」の位置づけ

　第一に，対話促進型調停モデルにおける「当事者」の位置づけは，先の「紛争解決の主体の認識の転換」の流れ（第**1**章§**2**▶**3**【2】）と密接に関連している。

　前項で確認した通り，①説得型調停モデルと②互譲斡旋型調停モデルにおいては，調停者と当事者間に「垂直的関係」が想定されており（①「判断する人・される人」／②「円満解決の世話をする人・される人」），それゆえ，調停案ないしプロセス形成において当事者が果たす役割は「消極的・受動的」なものとなっている。ここには，「当事者同士では解決できないから，第三者が関与して解決をもたらすのだ」という発想が潜在しているといってよい（「当事者のための解決」）。これに対し，③評価型調停モデルと④対話促進型調停モデルにおいては，調停者と当事者間に「水平的関係」が措定され，当事者は（調停者とともに）調停案ないしプロセスを形成していくという「積極的・能動的」役割を担うことになる。この点，「真に紛争解決／処理をできるのは，当事者自身でしかあ

り得ない」という理論展開（主体性の尊重）が反映されたものと考えられる（「当事者による解決」）。

さらに，④対話促進型調停モデルは，適切な自己決定のための「材料・選択肢」（コンテント）を豊穣化させようとする③評価型調停モデルと異なり，適切な自己決定に至る「対話過程」（プロセス）の豊穣化を目的としている。換言すれば，「自己決定のコンテント」ではなく，「自己決定（協働決定）に至るプロセス」の当事者によるコントロールをより重視するものとみることができる。

このように，④対話促進型調停モデルの意義の一つは，調停における紛争解決／処理の主体を「第三者（調停者）」から「当事者」に転換し（主体性の尊重），更に，「結果（解決）」における主体性でなく「プロセス」における主体性を強調した点にあるといえる。

【2】 合意（による解決）の位置づけ

次に，④対話促進型調停における「合意」の位置づけもまた，先の「結果からプロセスへ」（第1章§2▶3【3】）という紛争理論の展開と密接に関連している。

まず，②互譲斡旋型調停モデルおよび③評価型調停モデルでは，「互譲による合意」ないし「自己決定としての合意」が調停の「目的」（最終地点）に設定されている（目的としての合意）。また，①説得型調停モデルでは，合意が調停人の判断（解決案）を正当化する手段として位置づけられている（手段としての合意）。このように「合意」が調停の第一義的ないし不可欠の要素として捉えられる場合，「合意の内容（コンテント）」をいかに適正にするか，という議論に傾き易い。また，「調停の成功」が「合意の産出」と短絡的に結び付けられ，「両当事者間の合意を求める示唆，誘導ないし圧力」を生むことになる。

これに対し，④対話促進型調停モデルにおいて，「合意」は調停の目的や（正当化）手段などでなく，あくまで対話促進の結果として達成されるかもしれないものに他ならない，と捉えられることになる（結果としての合意）。このモデルにおいて，「合意」は一応の目標と考えられつつも，第一義的に重要なのは，当事者自身が調停プロセスを自分のものとして掌握することをいかに担保できるか，という点に集約されるからである。

以上の通り，④対話促進型調停モデルの意義は，「合意」の位置づけを「目的・手段としての合意」から「結果としての合意」に転換し，調停の評価基準を「解決率」「公正・適正な解決（知識）提供」から「自律的プロセスの担保」へと転換したことにある。

▶4　対話促進型調停モデルの実践的意義

　こうした④対話促進型調停モデルの意義は，種々の実証研究によっても支持されている。例えば，近年，国内の民間型ADR利用者調査により，ADRにおいて「たとえ両当事者間の関係が修復できなかった場合であっても，同席を中心に相手方当事者と対峙し話し合った当事者は，別席の当事者よりも，ADR手続に満足する割合が高かった」との知見が得られている。別席式と同席式では当事者にとっての手続の満足の意味が異なり，「別席手続では，他者から与えられた解決内容に満足するかどうかに留まるのに対し，同席手続では困難な場合に自ら対峙しそれを乗り越えたというプロセスに価値を見出す」可能性があるというのである。ここには，調停における両当事者の直接的な「対話」プロセスの重要性が示唆されているとみることができる。

　また，国外の研究に目を転じても，調停の短期的成功（合意に到達したか否か／合意に対する満足度／目的の達成度）は必ずしもその長期的成功（合意の履行率／調停後の関係の改善度／当事者間での新たな問題の発生の有無）に結び付いておらず，長期的成功を導く要因として大きいのが，「手続的公正要素」であるという知見が得られている。すなわち，調停の過程で「全ての問題が示され，自分たちの問題を声にすることができた」と当事者が感じることができれば長期的成功が促されたという。ここには，「合意」自体が，当事者の生活の中の通過点の1つでありその後に調整を受けざるを得ない以上，紛争（変容）の長期的・トータルな観点から調停のパフォーマンスを評価する必要性が示されているといえる。

　このように，近年，④対話促進型調停モデルは，理論的にも経験的にも，その価値・有用性が高く評価されつつある。本書では以下，「メディエーション」という用語を基本的に，この「対話促進型調停」を基盤としたコミュニケーションの在り方・手続を指し示すものとして使用することにしたい。

§2 —— メディエーション（対話促進型調停）の諸モデルと特徴

▶1　メディエーションの理念と手続的特徴

　メディエーションとは，「メディエーターが当事者間の対話（コミュニケーションや交渉）の促進を支援するプロセス」である。この基本的理念は当然，メ

ディエーションの手続にも反映されている。例えば，①メディエーションの実施・参加には当事者の合意を必要とする，②当事者はメディエーターを選択できる，③メディエーターはメディエーション（対話促進）のスキルを修得するためのトレーニングを受けている，④原則，双方同席で実施する（ただし，以下にみる「ナラティヴ・メディエーション・モデル」は，初回のセッションにつき別席を推奨する），⑤メディエーターはその事案の内容について評価や判断，裁定などは一切行わない，⑥メディエーションでの合意は当事者の主体性に基づき，⑦その合意は法的拘束を有しない，といったメディエーションの手続的特徴はすべて，紛争当事者の主体性を尊重し，当事者間の自発的対話を促進するための制度的仕組みといえる。

▸2　メディエーションの諸モデル

　このような特徴をもつ「メディエーション」の基本的考え方やスキルについては，主にアメリカで議論が展開されてきた。その代表的なモデルが，「プロブレムソルヴィング・メディエーション・モデル（Problem-Solving Mediation）」，「トランスフォーマティヴ・メディエーション・モデル（Transformative Mediation）」，「ナラティヴ・メディエーション・モデル（Narrative Mediation）」である。これら諸モデルは，メディエーションにおける「対話促進」の意義を強調する点で同一であるが，対話を促進する目的（機能目標）や紛争の捉え方（紛争観）に大きな違いがみられる。以下，順に説明しよう。

【1】　プロブレムソルヴィング・メディエーション・モデル（Problem-Solving Mediation）

　まず，プロブレムソルヴィング・メディエーション・モデルとは，両当事者が問題と捉えている真の課題（Issue）について，自分自身の力で見つめなおし受容可能な解決案を自主的に作りあげていけるように対話促進していくメディエーション・モデルである。

　このモデルは，メアリー・フォレットの統合理論とその発展形態であるハーバード流交渉術を基礎に置く（第1章§**3**▸2【4】）。紛争状況にある当事者は，表面的なイシュー（諸論点）について対立し，その見方に囚われてしまっている。そこで，紛争解決に向け，イシュー（争点）の背景にある当事者のインタレストに注目し，イシューをインタレストに基づく「問題」として再構成する。そのうえで，その「問題」について双方のインタレストを満たす解決策を創造的・自主的に考え（ブレイン・ストーミング），選択肢を調整し合意を形成する。

以上の対話過程を支援するプロセスをメディエーションとみるのである。そこでは,「人」と「問題」を切り離すこと,双方が納得可能なWin-Winの解決を目指すこと,過去の問題をとりあげ非難するのでなく将来にとってベストな解決策を目指すことが重視される。

このモデルの特徴は,「紛争・対立」を諸個人のインタレストの相違から生じるものと措定し,その異なるインタレストを取引(統合)すれば紛争は解決されると想定する点にある。おなじみの姉妹によるオレンジの取り合いの事例を想起して欲しい。この事例では,姉と妹が本来的に別のインタレストをもっており(ジュースを作りたい/ジャムを作りたい),その異なる「インタレスト」を統合する(オレンジを実と皮に分ける)ことでWin-Win型解決が成立している。IPIという紛争構造の分析手法(第**6**章§**2**)は,紛争解決のリソースが個人に内在するインタレストにあるという考えに基づく(Interested-based)。

このようにインタレストが個人に本質的・固定的に存在し,その調整を紛争解決とみる認識から導かれるメディエーションの目的は,対話促進を通じて当事者に内在するインタレスト・ニーズを顕在化,統合させることによって,双方の関係を対立的関係から協調的関係へと方向転換し,双方ともに納得のいく問題解決(Win-Win型解決)を図ることである。

両当事者がいたずらに自己主張や要求を繰り返していても問題解決に向けた話し合いは進展しない。そこで,中立的な第三者であるメディエーターが,話し合いの課題(Issue)を探すためにIPI分析を用いてお互いの状況をまとめながら,質問をしてインタレストを引き出していく。メディエーターには,紛争解決(対話促進)の専門家として,両当事者がインタレストベースの問題解決に向かうための対話のプロセス管理が求められることになる。

【**2**】 トランスフォーマティヴ・メディエーション・モデル(Transformative Mediation)

先述した通り,プロブレムソルヴィング・メディエーション・モデルは,対話促進を通じたWin-Win型の問題解決をメディエーションの目的(機能目標)としている。この点を鋭く批判したのが,トランスフォーマティヴ・メディエーション・モデル(Transformative Mediation)である。このモデルは,バラック=ブッシュ(Robert A. Baruch-Bush)とフォルジャー(Joseph P. Folger)が提起したもので,1994年に公刊された本 *The Promise of Mediation* において示されている。

このモデルは,「紛争の本質的解決というものは存在せず,あるのは,継続的な紛争の変容過程に過ぎない」,それゆえ,「紛争解決手続は長期継続的なプ

ロセスの紛争変容へのひとつの介入に過ぎない」という考え方を基礎に置く（第1章§2▶3【1】）。メディエーション（対話促進）の目標を「（短期的な）問題解決」ではなく「紛争当事者自身の問題応答能力を援助し，主体的なコミュニケーションを活性化すること」に置き，メディエーションのプロセスを「当事者が問題に向き合う能力の成長の機会」とみるのである。

　本モデルの根底にある考え方は，紛争の渦中にある当事者は混乱や不安を抱え自己中心的に振舞ってしまう「弱い」存在であって，それゆえ，当事者が紛争を主体的に処理できるようになるには，当事者の「世界観（状況認知）」を変容させる必要があるというものである。というのも，紛争対応行動は彼／彼女が持つ世界観（個人的世界観／組織的世界観／関係的世界観）によって決定される。「個人的世界観」を持つ人は，自分自身を最重要視し，その欲求を満たすために考えかつ行動する。他方，「組織的世界観」を持つ人は，自制心が強く，他者と問題を起こすことは少ないものの自尊心に欠け，自虐的な性向を示す。その中間に位置するのが「関係的世界観」であり，この「関係的世界観」を持つ人は，自立した個人として，他者の自由と独立を尊重しつつ，バランスのとれた相互関係を築くことができる。そこで，紛争対応に向けては当事者が「関係的世界観」を持つことが求められる。

　その際に鍵となるのが「エンパワメント」と「リコグニッション（承認）」である。「エンパワメント」とは，紛争状況にあって混乱した当事者が，「自ら状況や問題を定義し，解決を模索していく力を回復させること」であり，「リコグニッション」とは，「相手方のものの見方，視点，問題認識を知り理解すること（≠同意すること）」を指す。トランスフォーマティヴ・メディエーション・モデルでは，対話の促進を通じた「エンパワメント」と「リコグニッション」の繰り返しにより，当事者の本来備わっている問題応答能力を呼び起こし，自身の紛争相互行為（相手方との関係性の質）をネガティヴで破壊的なものからポジティヴで建設的なものに変化させ，自ずと紛争処理できるようになることを目指す。

　以上の理念から導かれるメディエーターの役割は，両当事者のエンパワメントシフト，リコグニッションシフトの促進を不偏的に支援することである。本モデルにおいて，紛争処理の専門家はメディエーターでなくあくまで当事者であり，メディエーターは当事者を支援する二次的役割を担うに過ぎない。対話の進め方（進行方法，ルール）は当事者に委ねられ，メディエーターには，当事

者双方の状況を「鏡」のようにありのままに映し出し，当事者のエンパワメントおよびリコグニッションを受け止め，寄り添い，支えていくこと（＝ケア）が求められる。

【3】　ナラティヴ・メディエーション・モデル（Narrative Mediation）

　ナラティヴ・メディエーション・モデルは，社会構成主義・ナラティヴ論を理論的基礎として展開したメディエーション・モデルである（第1章§3▶4）。このモデルは，ウィンズレイド（Jhon Winslade）とモンク（Gerald Monk）が2000年に公刊したNarrative Mediation（邦訳2010）によって示され，その後，2007年に公刊されたPracticing Narrative Mediationで精緻化されている。

　ナラティヴ・メディエーション・モデルは，第1章で確認した通り，「現実」は語ることを通して言説的に構成されるという考え方を基礎に置く。この考え方によれば，「紛争・対立（という現実）」も，語ることを通して構築された一つの「物語（紛争・対立の染み込んだ物語）」である。そこでこのモデルでは，メディエーションを，双方の当事者が「紛争・対立の染み込んだ物語」を「語りなおす（書き換える）」ことを通して，オルタナティヴな物語を構築していくプロセスと捉える。

　ナラティヴ・メディエーション・モデルの特徴は，紛争・対立の基盤・単位を当事者個人とする見方を廃し，さらにそれぞれの行動の背景に固有の利害（インタレスト）があるとの考えを一切否定する点にある（個人主義の否定，本質主義の否定）。本モデルによれば，紛争当事者のインタレスト・感情・行動・解釈は，彼女／彼らの「本性」に帰属するもの（inside-out）でなく，むしろ文化的ないし言説的な世界の関係性により産出され内面化されるもの（outside-in）である。すなわち，紛争当事者（のインタレスト）が問題なのでなく，「紛争・対立の染み込んだストーリー」が問題を問題たらしめているのであって，当事者はいわば「問題の犠牲者」なのである（「人が問題なのでなく，問題が問題なのである」）。以上の認識をもとに，このモデルでは，対話促進を通じて「紛争・対立の染み込んだ物語」を脱構築し，紛争当事者に新たな関係性（特に，協力体制，尊敬，理解，平和といった関係性）構築の土壌・コンテクストを築くことを目標とする。

　このモデルのメディエーターは，当事者を何らかの形での解決をもたらすことができるローカルな知識や専門的知識を所有している「人生における専門家」とみて敬意を払い，好奇心をもって当事者の物語を聴きながら，質問によって「問題の染み込んだ物語」のなかにある対立を脱構築し，対立のないある

いは対立の少ないオルタナティヴな描写が受け容れられるための隙間を開きながら，新しい物語の発展に当事者とともに取り組むことになる。それゆえ，本モデルのメディエーターは「中立的，不偏的な第三者」ではなく「オルタナティヴな物語の共著者」として位置づけられ，前二者のモデル以上により積極的な役割を担うことになる。

　もっとも，ここでの「共著者」という表現は，メディエーターが権威的に「判断・評価」をする役割を担うという意味では勿論なく，メディエーターも当事者と同様，ある特定の時間と空間さらに文化的歴史的に組み込まれた価値観を離れることはあり得ないゆえに「中立的存在」，「鏡のような存在」ではあり得ず，何かある発言・行動をするたびに当事者とともに「物語」を構築している（構築せざるを得ない）との認識を基礎にしている。したがって，本モデルでは，メディエーターの倫理問題を，「メディエーターが自身の影響を受けている文化的立場や道徳観について，また自身のとるアプローチ方法の限界にどう説明責任を持つかについて，いかにオープンであり続けるか」という問題として構成する。換言すれば，メディエーターの倫理性を，中立性でも不偏性でもなく，反射性（当然存在するメディエーター自身のバイアスについて，当事者に説明できる状態に保つこと，当事者と直面しながら常に見直しと変更を行っていくこと）として捉えるのである。

▶3　メディエーションのスキル：理念とスキルの連関

　以上，説明してきたメディエーション・モデルを実際のプラクティスに結実させるには，当然，モデルの「理念（姿勢・態度）」を具体化していくための「スキル」が必要不可欠となる。「スキル」とは，「何らかの姿勢と目標をもって行為するとき，意識しなくても自然に表れる，複雑な要素（知識，技術，態度，価値目標など）を統合した，熟練した振る舞い」である（和田＝中西2011：83頁）。スキルについては，第4章以降でより具体的に学んでいくことになるが，本項では特に，スキルがメディエーションの結果（当事者の認識・行動）を操作するための表層的な技術・テクニックではなく，あくまで各モデルの「理念」を体現するものである，という点を強調しておきたい。このことを示すため，各モデルに特徴的なスキルの一部を予め簡単に紹介し，各モデルの理解を深めることにしよう。

【1】　プロブレムソルヴィング・メディエーション・モデルのスキルの例

　プロブレムソルヴィング・メディエーション・モデルでは，表面上の対立でなくインタレスト，ニーズに焦点を当て，当事者の中立的・客観的な自己決定（に至る対話プロセス）を導き出すことが求められる。その理念を体現する特徴的な技法として，「質問技法（開かれた質問・閉じられた質問）」，「リフレイミング」がある。

　まず，「質問技法」は，メディエーターが，両当事者がそれぞれ大事にしていること（インタレスト，ニーズ）を明確にするために様々な角度から質問をして，双方の本当のところを引き出していくための技法である。「〜〜についてもう少し詳しく話していただけますか（開かれた質問）」，「〜〜という気持ちはありますか（閉じられた質問）」等の質問技法は，両当事者のインタレスト・ニーズを特定し，話合いの課題（Issue）を設定する機能をもつ。次に「リフレイミング」とは，「話し合いの中で，当事者が発したネガティヴな言葉の裏のポジティヴな側面に焦点を当てて，話合いの内容を再構成するために，中立的な言い方，ポジティヴな言い換えをする技法」であり，例えば「○○は無責任で，きちんと子供の面倒をみてくれないんです」を「きちんと子供の面倒をみてくれることが，あなたにとって大切なのですね」（中立的リフレイミング）あるいは「きちんと子供の面倒をみてくれたら，あなたは納得がいくのですね」（反転リフレイミング）と言い換えることである。対立している当事者は，往々にして後ろ向きないし否定的な発言を繰り返すことから，この技法は，話し合いを建設的なものにするために，発言の内容の前向きな部分に焦点をあてて，話し合いを前向きにコントロールする機能をもつ。いずれも，紛争当事者間の対話を広げ，Win-Win型解決に向かうきっかけを作り出すためのスキルである。

【2】　トランスフォーマティヴ・メディエーション・モデルのスキルの例

　トランスフォーマティヴ・メディエーション・モデルでは，当事者に「自身の状況を理解し，相手に対する認知と関係性を見つめ直す機会」を与えることが求められる。そこで，このモデルでは，プロブレムソルヴィング・メディエーション・モデルのように，当事者から何かを引き出すための「質問」や，当事者の認識を転換する（歪める）「リフレイミング」等の技法は使用せず，当事者の「鏡」となり当事者の対話に「ついていく」手法が採られる。具体的には，（一方）当事者が発言したことや表情，しぐさなどを当事者の感情のトーンをつかまえつつ映しだす「リフレクション」，当事者双方の状況あるいはその場で起

こっていることをありのままに映し出す「サマリー」がある。この「サマリー」は，プロブレムソルヴィング・メディエーション・モデルの「サマリー」と異なり，双方の共通点・実現可能性のある話はもちろん，相違点・実現不可能な話をも映し出す技法である。すなわち，メディエーターは徹底的に，紛争当事者の「鏡」の役割を担う。「○○さんは，〜〜と思っていらっしゃるのですね」，「〜〜についてお話されているのですね」等のリフレクションおよび「○○さんは〜〜と考えておられ，××さんは〜〜と考えられているということですね」，「おふたりとも〜〜のように私には見えるのですが，どうしましょうか」等のサマリーは，当事者を「聴き手」のポジションに位置づけることで，一方当事者ないし両当事者の状況を当事者自身で見つめ直すタイミングを作り出す機能を担う。

【3】 ナラティヴ・メディエーション・モデルのスキルの例

ナラティヴ・メディエーション・モデルでは，オルタナティヴストーリー（当事者間の新たな関係性構築の土壌）を築くことを目指すため，目の前の「紛争・対立の物語」に隠されあるいは見過ごされていた「別の物語」に注意を向けさせ，その「別の物語」を発展させるための手法が必要となる。この手法として，「二重傾聴」，「問題の外在化と影響のマッピング」がある。

「二重傾聴（ダブルリスニング）」とは，「対立」の物語の表現を聴きながら，「他の物語」の基本要素——例えば，怒りと自尊心，絶望と希望，痛みと承認——を同時に傾聴するスキルである。このスキルは，他のモデルの傾聴技法（「リフレイミング」や「リフレクション」等）が当事者を「ひとつの物語」に束縛する危険性を孕むとの認識・反省から，それらの技法を発展させたものであり，「ある物語が選択され強調された理由や，他の物語を背後に追いやった理由」に焦点を当てる。例えば，「あなたが今日ここにいらっしゃったということは，これから私たちのする対話やその対話が導くものに対して，何らかの希望がおありだったからだと思います。はじめにそのことについてお話いただけますか。」，「なぜ，〜〜があなたにとって大事なのですか」，「〜〜という意図が削がれているということですね。しかし，もし削がれていないとしたら，どんな〜〜をしたいですか」といった質問をする。この二重傾聴は，プロブレムソルヴィング・メディエーション・モデルの「質問技法」「リフレイミング」のように，問題解決に向け当事者の潜在的なインタレスト・ニーズについての回答や協調的姿勢を引き出すために行われるものでなく，オルタナティヴな物語の資源となる

「複数の物語」を聴くために行われる。また，「メディエーターのいかなる傾聴も選択的にならざるを得ない」という社会構成主義の認識論をベースに，「いかに聴くか」のみならず，「何を聴こうとするか」に注意を払う点で，トランスフォーマティヴ・メディエーション・モデルの傾聴技法（「リフレクション」，「サマリー」）とも根本的に異なる。

　次に，こうしたオルタナティヴな物語を発展させるためのスキルが「問題の外在化と影響のマッピング」である。これは，問題の物語に「名前」をつけ，それがいかなる感情的，身体的，対人関係的，社会的，経済的影響を及ぼしているか，逆に当事者がこの問題にどの程度影響力を発揮できるのかを探究する技法である。問題を物化（外在化）して「人を非難するより物を非難するよう」に促すことで，問題を人の性質の一部でなく，言説の中に戻すのが狙いである。例えば，「あなたは，起こったことについてどのように感じていますか」でなく，「起こったことは，あなたに相手をどのように考えるように仕向けていったのですか」と尋ねることで，「『起こったこと』がある仕方で私に考えさせたのであれば，別の仕方（考え方）も可能かもしれない」との見方を開いていく（問題の外在化）。そして，この別の見方（オルタナティヴなストーリー）を維持・発展させるために，対立の「影響」を探究する。対立の「原因」でなく「影響」を追究するのは，「原因」を推測すると対立が回避し難く対立が決定的にみえてくるのに対し，「影響」は可変的だからである。「起こったこと（これを描写するために名付けられた名称）は，あなたにどのような影響を与えているのですか」，「この対立の力を弱めるためにどのような行動をとったのですか」と問いかけることで，双方の当事者は「起こったこと」についての全体像を掴み，「起こったこと」についての豊かで複雑な理解を得て，この「複雑さ」の中に潜む「当事者が問題からの影響に抵抗しようとした試み（ユニークな結果）」を発見できるようになる。いずれのスキルも，より柔軟かつ他者の視点にオープンなオルタナティヴな物語の展開を促進させる余地を開く機能をもつ。

【4】　メディエーションの理念とスキルの相互関連性

　以上のわずかな例からも，メディエーションで活用されるスキルがいかにその理念と密接に結びついたものであるかが理解できるであろう。気を付けなければならないのは，表面上，同一に見える発話・振舞いであっても異なるスキルである可能性があり，また，それが各モデルの具体的実践の中で果たす目的・機能は大きく変わりうるという点である。しばしば「スキルを学ぶとは，各モ

デルが理念とする紛争当事者との関わり方(姿勢と態度)を涵養することにある」と言われるのはそれゆえである。メディエーションのスキルを理解することは，メディエーションの理念を理解することにつながる。逆に，メディエーションの理念を理解することは，メディエーションのスキルを理解することにつながる。理念とスキルの相互関連性は，メディエーション・プラクティスの重要な要素であることを肝に銘じておく必要がある。

§3 ── メディエーションの制度的基盤と日本における展開

▶1　メディエーションの法的・社会的基盤

　日本において「メディエーション」をADRの中核に位置付け推進しようとするさい，これまで見てきたように，メディエーションの目的・プロセスをどう捉えるのか，いかなるスキルを活用するのかといった問題は，メディエーションの制度設計においても，また実際のプラクティスにおいても恒常的に直面する課題であり，いったんそれら諸問題について原理的に考察しておくことは重要である。

　他方で，このアメリカの「メディエーション・モデル」を日本に直輸入し，メディエーターの担い手（と想定される者）がそれらを訓練・修得しさえすれば，日本で自ずとメディエーションが推進されるとの見方も単純に過ぎよう。先に，「対話促進」を主眼とするメディエーションは主にアメリカで発展してきたと述べたが，この背景には，単にメディエーションの理論やスキルがアメリカで展開したというだけでなく，メディエーションの生成・拡充を支える「法的・社会的基盤（環境）」がそこにはあったと考えられるからである。そこで，日本におけるメディエーションの在り方を展望するには，アメリカと日本の法的・社会的基盤の相違を踏まえる必要がある。アメリカと日本の法環境の相違およびメディエーションを現代日本に適合させる方策については第5章以降で検討されるが，ここではひとまず，メディエーションの理解に資する限りで，アメリカでメディエーションが普及した諸要因を確認しておきたい。メディエーションがアメリカで発展した法的・社会的基盤としては，主に(1)メディエーションを含むADR全般に共通する拡充要因と，(2)メディエーション独自の拡充要因とがある。

【1】 ADR拡充の要因

メディエーションを含むADR拡充の第一のモメントは，「訴訟社会の進展」である。周知の通りアメリカでは，ADRが，訴訟爆発・訴訟遅延の対策として裁判所を効率的に運営するために構想・提案された（1976年のパウンド会議）。その後，1990年代に至っても，訴訟の迅速化・効率的管理化方法としてのADR推進策が採られ，その利用を促進・義務づける立法（ADR連邦法など）が重ねられている。実際，利用者も，訴訟の時間的・経済的・心理的コストと照らし合わせ，より合理的な方法としてADRを選択する傾向がみられた。訴訟利用の増進が翻って，ADRの動員を促進する要因となったのである。

第二のモメントは，「価値の多様化・紛争の複雑化」である。紛争当事者の価値や欲求・利害が多元化し紛争が複雑化すると，法的解決の限定性・非機能性が次第に顕在化するようになる。例えば，法による解決は紛争当事者間の関係を破壊することが多いため，両当事者が将来においても社会的関係を継続したいというニーズがある場合には，「法によらない紛争処理が望ましい」あるいは「法は必ずしも当事者の要求に合致する解決をもたらすとは限らない」といった法への懐疑を強化することになる。ここでも，法利用の増大が翻って，価値の多様化・紛争の複雑化という現代的事象の下で，法的論点に限定されないADRを促進する要因になったと考えられる。

【2】 メディエーション（対話促進型調停）拡充の要因

これらの共通要因に加え，メディエーションがその他のADRと異なる形で独自に拡充した要因も指摘されている。その第一のモメントが，「リーガル・サービスの遍在化」である。例えば，アメリカは言わずと知れた弁護士大国であり，弁護士へのアクセスが物理的・経済的・心理的に容易であることで知られている。紛争当事者はいつでも弁護士にアクセスし，メディエーションの前後あるいは途中で正確な法・専門情報を簡単に入手することができる。したがって，メディエーションの過程内部において法的情報を導入する必要性は低く，それゆえ，法による説得・評価を含まない交渉・対話促進に特化したメディエーションが有効に成立した，との見方が示されている。

第二のモメントは，アメリカが「人種のるつぼ」と称されるように，多様な人種・民族による多様な文化が存在する「多民族国家」であり，かつ「多文化主義国家」であることである。多文化主義とは一般に「ひとつの政治体の内部において様々な文化的独自性を持った集団が存在している状況，また各集団が

社会的・政治的・経済的・法的に公認されることを通してそうした多文化的状況を究極目標である平和的共存へと発展させていく主張を展開する運動，それを正当化する理論」を指すが，アメリカはこの多文化主義的政策を採用している。かかるマクロな要因は次の2つの次元で，メディエーションを拡充させたとみられている。1つは，既存の国家法制度が各コミュニティの価値を反映できていないとの認識から，コミュニティ内部で生じる紛争を「国家法によらずに」コミュニティ内部の価値（非国家法）に照らして「自律的に」処理・自治していこうとする胎動を生んだという点において，2つは，価値の多様性を基底とした「対話文化」を醸成させたという点において，である。後者の点は仮説の域を出ないが，多民族国家・多文化主義国家においては，人々の間で「見方」（文化・価値）が異なるという共通認識，換言すれば「わかり合えていないこと（認知の齟齬）に対する同意」が醸成しやすい。そこで，まずは「わかり合えないこと」を明らかにし，わかり合える部分を探したり，わかり合えないままでも共存できる道筋を見つけるために「対話」（異文化コミュニケーション）を重んじる文化が醸成された，といわれている。

▶2　メディエーションと調停の法的・社会的基盤の差異

　メディエーションは，以上のような法的・社会的基盤（訴訟・法化社会，価値の多様化・紛争の複雑化，多民族国家・多文化主義国家）を背景として，法の限界を認識する形で，いわば法と機能的に分離する形で発展してきたモデルである。以上の理解を前提にすると，メディエーションと日本型調停の乖離の原因がよりよく理解できる。

　第一に，メディエーションが訴訟社会・法化社会が浸透したところで，その限界を克服するために確立されたのに対し，日本における調停は，むしろ訴訟社会・法化社会を浸透させるために確立された，という違いがある。日本における調停（制度）の発展史を振り返ると，調停（を含むADR）は，その創成期において，新憲法・司法制度における権利義務とその実現態様の変革を国民に浸透させようとする啓蒙的司法政策の緩衝材として進展してきた側面がある（②互譲斡旋型調停モデルに対する批判／①説得型調停モデルの導入）。また，現代においても，ADR法においてADRは「法による紛争解決手続」と定義されており，調停（を含むADR）は司法アクセス政策の一環として展開されている（③評価型調停モデルの盛行）。すなわち，日本の調停の生成・発展は総じて，「法の支配」

のプロジェクトの俎上にあった／あるのである。

　第二に，第一の点と関連して，リーガル・サービス供給の多寡も大きく異なる。例えば，直近の2019年時点の弁護士1人あたりの国民数は，日本が3,075人であるのに対して，アメリカが260人である。単純計算すると，日本はアメリカの約12分の1の弁護士アクセスポイントしか存在しないことになる。メディエーションが日本に紹介された2000年前後，この差がより大きなものであったことは容易に想像がつくだろう。さらに，日本では，弁護士業務が訴訟代理を中心に発展してきた経緯があり，法律相談（予防法務・交渉業務）は弁護士の主たる業務として構成・認識されていなかった。すなわち，量的にも質的にも，日本では，訴訟を前提とせずに気軽に法・専門情報を容易に入手できる環境が整備されておらず，それゆえ，紛争当事者は，調停（を含むADR）手続内部で，法・専門情報を求める傾向が強くならざるを得なかったのである。「この傾向は，手続主宰者として，素人よりは何らかの専門性をもった人材を求める権威依存意識と結びつき」，調停を「法的情報・助言のリソースとみる視点が利用者の中に育まれていった」と指摘されている。

　もっとも，この指摘に対しては，アメリカに比して日本では，（弁護士等の）司法機関にかわって行政機関が大量のリーガル・サービスを提供している，との反論が可能である。かねてより，日本の紛争処理制度の特徴のひとつは，行政機関による相談（区役所，市役所などの自治体における住民相談や法律相談など）が無料かつ多種多様な形で実施されていることにあり，事実，日本において問題・トラブルを抱えた人々の行政機関へのアクセス率は諸外国に比して高い。ただし，この行政機関による法・専門情報の提供の豊富さは，アメリカのように法・専門情報の導入を不要とする対話促進型メディエーションを活性化する方向に機能するのではなく，むしろ，上述の権威依存志向を助長し，調停内部での法的情報・助言へのニーズを増長させるものとして機能した。というのも，行政機関によるリーガル・サービスの供給は，行政機関が相談という形で一方当事者に法的ないし行政的知識を提供・指導し，行政の権威を背景に相手方当事者に対して影響力を行使しつつ紛争処理を図るという「権威」に基づく紛争処理パターンを確立・強化せしめたからである。

　第三に，メディエーションが人々の間に存在する「多元的価値（観）」を前提としたのに対し，日本の調停はむしろ「和の精神」に基づく「単一的価値（観）」を前提にしていた，という違いがある。実は，日本においても先に見たアメリ

カと同様に，戦後間もなく国家法制度と共同体（コミュニティ）の価値の乖離が喫緊の課題として浮上したのであるが，日本ではそれが「単一」の伝統的倫理観・法意識（条理）に基づく融和的調停（②妥協斡旋型調停モデル）として克服されることとなった。日本においては，そもそも紛争当事者間で「わかり合えている」ことが前提であり，だからこそ，「対話」でなく「譲歩・妥協」する調停実践が展開されたのである。

▶3　日本におけるメディエーション・モデルの展開

　以上の分析をもとにするならば，日本においては，メディエーションが拡充するための法的・社会的基盤がアメリカに比して相対的に希薄であると言わざるを得ない。実際，1990年代後半以降，日本において「プロブレムソルヴィング・メディエーション・モデル」や「トランスフォーマティヴ・メディエーション・モデル」，前者に後者を組み入れた「折衷モデル」とスキルが精力的に紹介されたさい，法実務家や研究者間では，「日本においてメディエーションは機能的でない」との否定的反応が優勢を占めていた。また，メディエーションの価値を評価する一部の法実務家・研究者からも，実際のプラクティスにおいて「当事者は第三者の判断を求めているのではないか」，「法的に不公正な合意を第三者機関として認めてよいのか」，「当事者が法によらない合意をし，後で当事者が法情報を知った場合，当事者は納得できないのではないか」等の疑念の声が次第に聴かれるようになった。

　このような批判・現状を踏まえ，今日の日本では，日本の社会・法環境に適合的なメディエーションの在り方が模索され，上述のメディエーションに評価型調停を組み入れ再構成した全く新しいメディエーション・モデル──ナラティヴ・メディエーション・モデルの認識論を基礎に，トランスフォーマティヴ・モデル，プロブレムソルヴィング・モデル，評価型調停を換骨奪胎し統合的に再構成したモデル──が提示されるに至っている。次章以降において示されるのは，基本的にこの日本型メディエーションである。

　もちろん，いずれこの日本型メディエーションも換骨奪胎・刷新される可能性は十分にある。近時の日本の状況に照らせば，先に述べたメディエーションの拡充要因が整いつつあることは疑いがないだろう。一連の司法制度改革以降，リーガル・サービスの供給体制が整備され，日本においても法化社会・訴訟社会が次第に到来しつつある。さらに，昨今のグローバリゼーションの浸透は，

紛争の複雑化，価値観の多様化（に伴う「分かり合えなさの共有」）を——多民族国家でない日本にあっても——より一層進展せしめるはずである。この時，（元来の）メディエーションの価値・有効性はますます高まるものと思われる。

　ただ，いずれにせよ重要なのは，メディエーターの当事者への関わり方（振舞い）は予めメディエーションのモデルやスキル，マクロな要因（法的・社会的基盤）によって原理的・固定的に決定されるようなものでなく，「当事者との関わり」の中で不断に再構成されざるを得ないという経験的事実である。実際のメディエーションのプラクティスにおいては，柔軟に諸モデルを修正したり複合的に組み合わせたりするなどして，相対する当事者（個人・組織）・場面・紛争領域の特性にもっとも適合的なメディエーションを実践することが必要になってくる。メディエーションの場は，単に紛争やその解決・処理について語られている場でもなければ，ましてや，メディエーションの理論やスキルを機械的に適用する静態的な場でもない。今，ここで，紛争や解決・処理が実際に起きている場であり，個別性・多義性・変容性のある当事者との関わりの中で新しい関係性を作り出す（＝Art），動態的なプロセスだからである。

§4——ソフトウェアとしてのメディエーションへ

　さて，本章では，メディエーションを，その具体的な手続構造・個別のスキルに着目するよりは，その基本的な理念・特徴に焦点を当て説明してきた。それにはもちろん理由がある。それは，メディエーションが，単に「制度的手続（ハードウェア）」でなく，ひとつの「コンセプトないしコンセプション」であり，「対話を促進することで人間関係を調整するソフトウェア」（和田・中西2011：50頁）であるとの頑健な見方（哲学）に基づくものである。

　この「ソフトウェアとしてのメディエーション」という見方の正当性は，メディエーション教育の効果によっても裏付けられている。例えば，法実務家に対するメディエーション教育は，「クライアントに向き合う姿勢」や「クライアントの相手方への対応」といった「メディエーション手続外での相談あるいは訴訟実践」に大きな変化をもたらすことが，ある質的調査によって明らかにされている。また，医療従事者に対するメディエーション教育も，「紛争解決の質」以上に，「医療スタッフの患者に向き合う姿勢の改善」，「日常診療での

患者対応の質の向上」,「対話文化の普及」に影響を与えることが実証されている。

　このように見てくると，メディエーションは一時の合意（紛争解決）やプロセスのために存在するのではなく，むしろ，日々の実践の変化を支えるためのモデル（コミュニケーションの在り方）として捉えるべきことがわかる。中村芳彦教授はかつて，このことを「いつでも・誰でも・どこでもメディエーション」という言葉で表現したが，メディエーションが人々の社会生活の中に適切に・十全に組み込まれるとき，人々のより望ましい関係性の変化を維持・構築（Art）しうる。その意味で，メディエーションは，「対話促進型調停」という類型論を超えた社会のアート（Art）なのである。

　では，この「ソフトウェアとしてのメディエーション（社会のArtとしてのメディエーション）」を実践するには具体的にいかなるスキルが必要になるのであろうか，またその先に，「ハードウェアとしてのメディエーション」をいかに構想すべきなのであろうか。次章以降で，これらの諸点を学んでいくことにしよう。

第**4**章
メディエーションの技法の理論

§**1** — はじめに

　本章では，メディエーションで有用な臨床技法について理論的な側面から解説を行う。すでに臨床技法については優れた解説をした文献が何点か刊行されている。そこで，屋上屋を架すことにならないように，これまでなかった独自の視座から解説を加え，理解の深化をもたらそう。

　では，独自の視座とは何か。それは，社会学の第一人者タルコット・パーソンズ（1902-1979, アメリカ）の理論に準拠した視座である。パーソンズの理論は，これまで看過されてきたが実はADRの振興に寄与したモデルが準拠していた理論になり，メディエーションで有用な臨床技法について理解を深めるのに役立つ。本章では，そのような理論に準拠して理論的な側面から解説を行い，実践編（第6章）につなげる。

§**2** — パーソンズの理論

▶*1* 特徴

　まず，社会学の第一人者タルコット・パーソンズの理論がどのようなものか，その特徴を簡単に紹介しておこう。

　パーソンズの理論は，社会学という一専門分野を中軸としつつも，恐るべき射程の広さを有して組み立てられている。すなわち，法学・政治学・経済学だけでなく人類学や心理学に精神分析，さらには思想史・哲学から生命科学・生物学まで，様々な分野の膨大な研究成果を各分野のエキスパートとの共同研究などを通して，社会学の限界を補完するように組み込んでいる。だから，カバーする範囲が極めて広く総合的で，「理論のチャンピオン」となる「理論の中

の理論」として，名声を博してきた。

　他方で，その壮大な全体像を的確に理解するには相当な努力や根気が要求されるため，敬遠されたり嫌悪されたりもしてきた。とりわけパーソンズの用いる語彙が高いハードルとなっていた。というのも，様々な分野の諸成果を雑多に寄せ集めるのではなく徹頭徹尾一貫性をもって体系化するため，高度に抽象化された独特な概念が頻出するからである。そのため，パーソンズの理論はお手軽な理解を拒みフラストレーション（いら立ち，鬱憤，欲求不満）を発生させやすく，非難や誹謗中傷を招きやすかった。

　そこで，そのようなフラストレーションを低減するため，パーソンズの理論については，専門的な用語を「翻訳」してなるべく分かりやすい言葉に置きかえて紹介する。もちろん，翻訳にあたっては，元々のエッセンスをできるだけ損なわないように留意する。なお，パーソンズの理論のなかで本章がとくに取り上げる内容は，パーソンズの代表作の一つである『社会体系論』（Parsons1951，邦訳1974）をはじめとして，『家族』（Parsons et al. 1955，邦訳2001）など複数の著作で繰り返し示されている。

▶2　何に着目しているのか

　では，パーソンズの理論の中身は，具体的にどのようなものなのか。社会学（sociology）を中軸とするパーソンズの理論は，社交・交流のような人と人との間で生じる「やりとり」に，何よりも着目する。社会学では「相互行為」と表現されることが多いが，本章ではより平易な「やりとり」という表現を用いる。

　注意すべきは，人々のやりとりには「対立」がともない「変化」が生じることが当然のように想定されている点である。これまで，パーソンズの理論に対しては「対立や変化を見過ごしている」といった非難が，しばしば向けられてきた。しかし，それはとんでもない誤解である。

　たとえば，パーソンズが重点的な研究対象とした家族を例に出そう。分かりやすいところでは反抗期という概念があるように，家族を構成する親子の間のやりとりは，子どもが成長するにつれて「対立」が顕著になるようにダイナミックに「変化」するのが通例である。そうした「対立」や「変化」が，反抗期に限らず家族のなかでは幼少期から大なり小なり常に生じるメカニズムを，パーソンズは類を見ないほど緻密に考察している。

　他にも，現代であればTwitterのようなSNS（Social Networking Service）が，パ

ーソンズの理論を理解するうえで適切な例となるだろう。SNSの主要な機能は，まさに社交・交流の促進になる。だからこそ，お互いに親睦を深めていくやりとりだけでなく，お互いに罵りあって対立を激化させるやりとりも進行する場合がある。相互にやりとりを重ねて関係を深めていくなかで，相手方に対してフラストレーションがどんどんたまり，直に対面していないという事情もあって，反発や攻撃が抑えられなくなることがあるからである。もちろん，だからといって喧嘩別れに終わるパターンばかりではなく，関係を修復して再び仲良くなるパターンが見られる場合もある。

このように，人々のやりとりが時間の経過とともに友好を深めたり敵対したりと絶えず変化していく流動的なプロセスであることを，鮮明に可視化してくれるのがSNSである。そして，パーソンズの理論が着目し解明しようとしているのも，まさにこのような現象になる。すなわち，時には傷つけあったり，時には仲良くしたりする，そんなやりとりから成り立つsocialな現象になる。

家族であれば，親睦を深めて結婚し新たな家族を形成したとしても，時間の経過とともに離婚に至るパターンもあれば，よりを戻すパターンもある。最も親密な関係として分類される夫婦や親子の間のやりとりであっても，対立の契機は常に存在しつづけているし，対立への対処の仕方次第で，その都度友好の度合いが大なり小なり弱まったり，あるいは強まったりする。このような変化に富むsocialな現象の解明を，パーソンズの理論は行っている。

▶3 どんな見方をもたらすのか

sociology（社会学）という専門分野を中軸として構築されているパーソンズの理論は，人と人とのやりとりによって友好の度合いが弱まったり強まったりするsocialな現象の解明を主題としている。しかも，そのように変化に富む人々の関係を左右する多種多様な要因も，極めて広い射程で考慮に入れている。たとえば，他者への怒りや愛着といった心理的要因に詳しい心理学のように，それぞれの要因の働きについてそれぞれ詳しい専門分野の助けを借りて，sociology（社会学）という一専門分野の限界を補完し，重厚で多角的な見方を可能にしている。

では，そのようなパーソンズの理論は，メディエーションにどんな有用な見方をもたらすのか。そもそもメディエーションも，人々のやりとりから成り立つ。そして，メディエーターも含めてメディエーションの参加者が，他の参加

者とのやりとりの仕方を誤ると，メディエーションはうまくいかず破綻してしまう。実際，メディエーションは裁判と違って，参加/不参加を比較的自由に選択できるため，破綻の可能性は少なくない。そうした可能性を低減するために何が必要となるのかを考えるうえで，パーソンズの理論は有用となる。

もともとパーソンズの理論は，対立がどんどん激化していく悲劇的な事態を前提に組み立てられている。その究極として想定されているのが，「万人の万人に対する闘争」と呼ばれる，誰もが互いに敵対する極限状態である。共喰いをいとわない狼同士の関係とも称されるように，もはや相手を同じ人間とすら認めず，友好のかけらもない状態になる（ひるがえってメディエーションの参加者は，対立しつつも殺し合いには至らず話し合おうとしていることから，ある程度は友好関係を維持したやりとりを行っていると把握できる）。

パーソンズは，そのような極端で分かりやすい極限状態を代表例として，親子関係でも夫婦関係でも例外なく対立の契機が常に存在しつづけるなかで，友好的な関係を新たに構築したり維持したり強化したりするのが，いかにして可能になるのか，という問いを立てる。そして，その問いに対する解が一般的には何であるのかを原理原則として示している。同時に，ことこまかに場合分けをしてバリエーションも示している。

したがって，そのようなパーソンズの理論を参照すれば，メディエーションの現場でどのようなやりとりを行うと，より友好の度合いを増すことが可能になるのか手がかりが得らえる。つまり，対立している当事者のやりとりが悲劇的なまでに悪化していくのを防ぎ，たとえ対立を解消できなくても少しでもその状況を好転させるにはどうすればよいのか，一定の見通しを得ることができる。そうした見通しをよくするサーチライト（探照灯）を，パーソンズの理論は提供してくれる。

§3 ── パーソンズの理論と臨床技法

▶1　理論から得られる見通し

では，パーソンズの理論から得られる見通しとは，具体的にはどのようなものなのか。対立する当事者のやりとりはどうすれば好転するのか。その答えこそ，まさに本章のテーマとなる。すなわち，パーソンズの理論は，当事者のや

りとりが好転するようメディエーションを実りあるものとするためにどんな臨床技法を用いるとよいのか，メディエーターにその見通しを与えてくれる。

パーソンズの理論が示すのは，メディエーターのような役割を果たすには一般的に4つの機能（働き）が必要だということである。すなわち，「許容」「サポート」「応酬の拒否」「報酬の操作」といった機能になる。したがって，メディエーターはこの要件（4つの機能が必要であるという条件）を満たすように臨床技法を用いるとよいと考えられる。

パーソンズによれば，そのような要件を満たす4つの機能を具備したやりとりは，精神科医が実施するサイコセラピー（精神療法・心理療法）の現場で最も明瞭に見出せるという。セラピストになるための専門的な訓練を本格的に受け，実際の「臨床」，つまり治療の現場にも詳しいパーソンズはそう述べる。

ただし，上記の4つの機能（働き）は，精神科医のサイコセラピーに限らず，医師一般が行う患者とのやりとりには多かれ少なかれ見出せると，パーソンズは指摘する。さらに，医師と並ぶプロフェッションとされてきた聖職者や法曹の場合も，ある程度は同様であると指摘している。

というのも，医師も聖職者も法曹も，抽象化して捉えると，共通して専門家の世界と非専門家の世界との橋渡しを，各々のクライアントとのやりとりのなかで行う必要があるからである。いずれのプロフェッションも，クライアントの日常用語で語られる悩みごとをしっかりと聴きとり理解したうえで，専門用語で成り立つ専門的な判断を下し適切な対処を行うのが職務になる。非専門家のために専門知識を応用するのであるから，その立ち位置は，異なる世界の間に入って双方をむすびつける広義のメディエーター（媒介者）になる。

このように，およそ職務として専門知識を応用するために行われる専門家と非専門家のやりとりであれば，その関係の構造上，専門知識の格差が当然の前提とされていることから（そうでないと専門職とクライアントの関係がそもそも成り立たない），どんな専門家も広義のメディエーターとして機能せざるを得なくなる。そして，メディエーターとして適切に機能しクライアントの悩みごと相談にうまく対処するためには，サイコセラピーを行うセラピストのように「許容」「サポート」「応酬の拒否」「報酬の操作」といった4つの機能を提供する必要があると考えられる。弁護士であれば，ADRとは無関係である普段のクライアントとのやりとりにおいても，職務の効果的な遂行のためには，4つの機能を具備したメディエーターの役割を担う必要がある。パーソンズはそのように

考える。

　もちろん，本章がメイン・ターゲットとしているのは，クライアントからの
種々の悩みごと相談にのる広義のメディエーターではなく，ADRのメディエ
ーションを執り行うメディエーターである。まさにメディエーターであること
が職務として明示されているような場合になる。

　したがって，法曹のような専門職でなくても，メディエーターを務める以上，
サイコセラピーと同様に「許容」「サポート」「応酬の拒否」「報酬の操作」と
いった4つの機能を提供する必要がある。そうすることで，紛争を抱えた当事
者の悩みごとに適切に対処でき，対立関係にある当事者の間のやりとりが好転
すると見込めるようになる。

　そのような事態を具体的に実証したのが，合衆国の人類学者ジェームズ・ギ
ブス（James L. Gibbs, Lr.）である。ギブスは西アフリカのリベリアで暮らし
ているペレ族を調査し，彼らが裁判外で実践している紛争の処理が，まさにパー
ソンズの理論が示す通りであることを明らかにした。すなわち，パーソンズの
理論が想定しているように，サイコセラピーと共通する4つの機能を提供して
いるところに，紛争に効果的に対処する秘訣があると突き止めたのである。

　その研究成果はGibbs（1963）で詳述されている。そして，この論文はADR
のモデルを提供する研究として，何度も繰り返し引用・参照されつづけ，現在
に至るADRの世界的な振興に大きく寄与した（どのような経緯でそうなったのか
については，久保（2009）で説明している）。

　もっとも，引用・参照される際に常に注目されるのは，物珍しさがあるペレ
族であり，パーソンズの理論ではなかった。そこで，本章では改めてパーソン
ズの理論に注目して，その内容を紹介していこう。

§**4**──パーソンズの理論が示す4つの機能

▶*1*　「許容」と「サポート」

　パーソンズの理論が示す4つの機能は，具体的には次のような働きとなる。
ギブスが例証したペレ族の実践にも触れつつ，パーソンズ自身の説明を敷衍し

ながら，解説しよう。

　まず「許容」について。ギブスによれば，ペレ族には裁判とは別に，もめごとを処理するためのムート（寄合い・集会）がある。そこでは，法廷の堅苦しい手続とは違って，アットホームな雰囲気で当事者が思うところを気がねなく吐き出すことが許されている。普段は許されないような取り乱した言動であっても，メディエーターをはじめ集会の参加者は真摯に耳を傾けるので，当事者は思いを吐露して語り尽くすことができ，カタルシス（浄化）を得られる。このように，メディエーターが当事者の語りに否定的な判断を下したりせず，ただ当事者の語りをそのままに受け止めようとする働きが「許容」の機能である。

　次に「サポート」である。メディエーターが当事者に寄り添うことで当事者が自ら問題を解決できるように支援する働きである。また，「許容」と関連して，当事者が気がねなく思いを吐き出せるように促し手助けすることも含まれる。こうした働きがないと，当事者はメディエーションへの参加をとりやめる可能性がある。そのため，メディエーションへの参加に報いるためにも「サポート」の機能が必要となる。

▶2　もたらす効果

　「許容」と「サポート」の2つの機能は，紛争を抱えて張り詰めた状態にある当事者の緊張をゆるめるような効果をもたらすと期待される。どのような結末を迎えるのか見通しがつかないなかで不安に悩まされる当事者は，メディエーターが自分の思いをそのまま受け止め支援しようとする友好的な姿勢を示してくれるので，心の重荷を降ろし安心感を得ることができる。また，争っている相手方と違って，メディエーターは当事者自身のことを最大限理解しようと努め，あるがまま受容しようとしてくれるから，信じ頼りたくなるような人と人とのむすびつきが形成されやすくなる。紛争によってフラストレーションがたまり，怒りや不安といったネガティヴな感情を抱え込みがちな当事者は，「許容」や「サポート」の機能を提供するメディエーターに対して，とりわけポジティヴな感情を抱きやすいのである。

　こうして，メディエーターとの信頼関係が形成されると，当事者の攻撃性もおさまっていくと考えられる。法廷のように，厳格な手続にしたがって両当事者が攻撃と防御を繰り広げるやりとりがなされ勝敗の判断が下されるところでは，自分を守るために他者に対して一歩も譲らず敵対する好戦的な姿勢をとら

ざるを得ないだろう。しかし，メディエーターとのやりとりを通して自分を受容してもらい信頼関係を築けるようになると，当事者にとってメディエーションは自分を守るために必死にならなくてもすむところとなり，過剰に防衛的な構えは緩和される。そうすると，自分を守ろうとして牙を剥き出しにする必要もなくなる。

　このように，当事者と友好関係を築こうとするメディエーターは，当事者が他者との友好的なやりとりに価値があることを改めて実感できる機会を提供する。「許容」と「サポート」を提供するメディエーターは，当事者にとって紛争がもたらす精神的負荷を減らしてくれるありがたい存在となるからである。逆に，そのような働きをする存在がいない場合，紛争の相手方との関係はもちろん，他者との関係全般まで当事者にはありがみのないものとして映る可能性がある。そうなると，ひとりだけ不幸を背負った悲劇のヒロインやヒーローのように，周囲の無理解を嘆いて距離ができ孤独に陥るおそれがある。もしくは一匹狼となって，他者と仲良くすることをかたくなに拒むようになるかもしれない。両当事者がともに一匹狼になると，狼同士の闘争という事態に陥りかねない。そうした事態を防ぐのが「許容」と「サポート」の機能である。その働きによって，当事者の他者不信ではなく他者信頼が強化される。

　すると，事態の好転が見込めるようになる。紛争を抱えて他者との敵対的なやりとりが前景化してしまう当事者に，他者との関係の別様の可能性を意識的にも無意識的にも想起できるよう刺激を与えるからである。メディエーターが間に入ることで，当事者はときほぐされてかたくなにならず，敵対関係にのめり込んで没入していく悲劇が防がれる。代わって，自分を受け止め支えようとするメディエーターの友好的なふるまいによって他者と連帯することのありがたさや尊さに改めて気づき（その価値を認識）し，自らのふるまいもより友好的なものへと変化していく（その価値を共有する）可能性がより高くなるのである。

▶3　「応酬の拒否」と「報酬の操作」

　当事者のふるまいがより友好的なものへと変化する可能性をさらに高める働きをするのが，残り2つの機能である「応酬の拒否」と「報酬の操作」になる。
　「応酬の拒否」とは，仮に当事者がメディエーターの「許容」や「サポート」をよいことに，それに乗じて相手方を打ちのめすことに加担するよう求めてきても，その求めに応え報いるのを拒否する働きになる。当事者間の関係をもっ

と険悪にするような非友好的な行いには賛同せず，当事者に再考を促すわけである。メディエーターとしては，事態の好転をはかるのが自らの務めとなるし，一方だけに偏った肩入れはできないからである。

　幸い，「許容」と「サポート」を提供するメディエーターとのやりとりを通して信頼関係が形成されていると，当事者はスムーズに再考に導かれると考えられる。安心感のようなポジティヴな感情を供給してくれるメディエーターによって，過剰に防衛的な構えが緩和され，かたくなにならずときほぐされていると，当事者は柔軟な対応をとる余裕ができ，他の見方や考え方も受け入れやすくなるからである。

　こうして，当事者は意固地にならず，自分が偏った見方をしていたり一方的な思い込みで誤解していたり，事態を余計に悪化させたりしている点に自ら気づきやすくなる。メディエーターが当事者とのやりとりのなかで，セラピストのように「許容」と「サポート」の働きを十分に提供していれば，当事者は心の重荷を降ろすだけでなく，力づけられて精神的に楽になるため，凝り固まらず自省を試み，よりメタな（高次の）自己認識を得る余地が出てくるだろう。

　しかも，自省は，当事者自身が紛争の解決に向けて適切な善後策を新たに講じるきっかけにもなる。そのような当事者の自律的な取り組みを奨励し誘導するメディエーターの働きが，「報酬の操作」になる。なお，ここでの報酬とは，人と人との間で行われるやりとり（socialな現象）を扱うsociologyの観点から，メディエーターが当事者に対して賛同を示すことを主に意味する。そして，賛同を示さない「応酬の拒否」と，ちょうど対になっている。また，「許容」と「サポート」が当事者を無条件にそのまま受容する《条件のない関わり方》となるのに対して，「応酬の拒否」と「報酬の操作」は当事者の出方次第でメディエーターが対応を変える《条件のある関わり方》となる。

▶4　何を実現しようとしているのか

　まとめとして，「許容」「サポート」「応酬の拒否」「報酬の操作」といった一連の機能が，いったい何を実現しようとしているのか要点を述べておこう。人々のやりとりというsocialな現象に着目するsociologyの観点からすると，一連の機能が実現しようとしているのは，メディエーターとのやりとりを通して当事者が認識を改め更新していく学習活動（social learning）になる。

　当事者は，相手方と敵対する険悪なやりとりに入り込むと，自分を守ること

に必死になり，身構えてかたくなになりがちである。そこで，メディエーター（媒介者）が間に入って当事者に手をさしのべ，相手方との険悪なやりとりが行われる狭い世界にはまりこんでしまわないように連れ出す。そして，メディエーターが提供するような価値ある友好的なやりとりが行われるもっと広い世界の一員であると意識的・無意識的に認識できるようにする。また，そのようなもっと広い世界の一員（善良な市民たちからなる共同社会のメンバー）として，できるだけ友好関係を維持して解決にあたるように奨励する。つまり，一匹狼ではなく善良な市民であるとの自己認識（アイデンティティ）をもって，相手方を敵視しねじふせようとするのではなく，なるべく相手方と協調して自分たちの間に横たわる問題の解決に尽力するよう善処を求める。

　対立状態にある特定の他者との無価値な敵対関係にのめり込まず，メディエーターを介して自分たち以外の第三者が含まれる価値ある世界の一員であると認識できるようになれば，第三者がみても公正で適切だと考えられるふるまいを自律的に選択する可能性が高まる。と同時に，欺瞞や力ずくといった手段に訴えてでも相手方を打ちのめそうとするような非友好的で公正さを欠くふるまいは，選択されにくくなる。

　もちろん，だからといって，相手方との間に横たわる問題が必ず解決するとは限らない。たとえ当事者同士が友好的に協調姿勢をとったとしても，自然の物理法則をねじまげられないように，どうしようもない問題が現実には存在するからである。また，何が公正であるのかについては，議論の余地が当然あるだろう。とはいえ，たとえそうであったとしても，お互いに無際限に傷つけあって問題を余計にこじらせる事態を防止できる。

　以上のように，「許容」「サポート」「応酬の拒否」「報酬の操作」といった4つの機能は，メディエーターを介して当事者を友好的なやりとりが行われる世界に加わるように導き，協調的で公正な姿勢で問題の解決に取り組むように促す。こうして，事態の好転が企図されるのである。

§5 ── パーソンズの理論の適合性

▶1　現在の実践のモデル

　人と人とのやりとりというsocialな現象の原理原則を解明したパーソンズの

理論によれば，「許容」「サポート」「応酬の拒否」「報酬の操作」といった4つの機能（働き）を当事者に対して提供することがメディエーターには求められる。では，このような理論的な見方は，現場で実際に用いられている臨床技法とどこまで適合的なのだろうか。ADRが興隆する際にモデルとなったペレ族の実践ではなく，ADRが一定程度普及した現在においてモデルとなる実践を対象として，改めて確かめておこう。

　そのために本章が現在のモデルとして参照するのは，和田・中西（2011）である。同書を特に参照するのは，医療現場を対象とするメディエーションに特化しているだけあって極めて実践的かつ具体的な内容となっており，臨床の現場で実際に使用される技法を紹介した文献の代表例になると考えられるからである。その内容は，医療メディエーションに限定せずメディエーション一般を対象とする和田／安藤・田中（2015）のモデルにもなっている。まさに現在の実践のモデルと見なすことができる。

▶2　臨床技法の分類

　それでは，和田・中西（2011）がどのように臨床技法を紹介しているのか確認してみよう。同書はナラティヴ・アプローチと呼ばれる立場に依拠しつつ，メディエーションの現場で用いられる臨床技法を3つのグループに分類している。すなわち，①「気づきのためのスキル」，②「エンパワメント・スキル（聴くスキル）」，③「対話促進のスキル」である。ここでは，パーソンズの理論と照合するために，ナラティヴ・アプローチと①「気づきのためのスキル」は後回しにして，②「エンパワメント・スキル（聴くスキル）」から取り上げよう。

　「エンパワメント・スキル（聴くスキル）」は，傾聴によって当事者と信頼関係を築き，当事者が問題克服に向けた構えをとれるように援助するための技法になる。同書の説明によると，医療事故のような「生命や健康にかかわる被害は強い情緒的反応を呼び起こす」ため，「〈現実〉」をどう受け止めてよいか分からなくなってしまい」「強い疑念や怒りの感情にとらわれて」しまうことがある。だから，そのような当事者をケアしエンパワメントする（力づける）ために，メディエーターは怒りや悲しみから来る当事者の攻撃的な言動も柔らかく受け止め，そこに仮に事実誤認が含まれていたとしても否定的な評価を下すようなことは避け，当事者に寄り添いながらその語りに耳を傾け，その思いを共感しながら聴きとろうと心がける姿勢を示す必要が出てくる。

こうした関わり方はまさに，パーソンズの理論が示す「許容」と「サポート」に該当する。しかも，当事者にまず提供すべき「初期対応のアプローチ」となる点も，パーソンズの理論と合致する。そうすることで，対立や葛藤の「縮小可能性の確保」と「エスカレートの防止」が最低限可能になると考えている点も，同様である。

　次に，「対話促進のスキル」である。エンパワメントされ準備が整った当事者に対して，メディエーターの考えを押しつけないように質問の仕方を工夫するなどしながら，自省を促すように対話を進める技法である。そのような自省を促す対話を進めることで，当事者の捉え方が，相手方を非難するための「感情的で攻撃的（防御的）なもの」から，問題へのより良い対処を可能にする「より客観的で協調的なもの」へ転換していくという。すなわち，「主導権を当事者自身の手に残したまま対話を促し，当事者の中での認知変容を促す」こととなる。

　こうした関わり方も，パーソンズの理論が示す一連の機能で予定されている。すでに述べた通り，一連の機能が実現しようとしているのは，メディエーターとのやりとりを通して当事者が認識を改め更新していく学習活動（social learning）であった。しかも，メディエーターが関わることの決定的な意義が，当事者のかたくなさをときほぐす点にあると見ている点も共通している。すなわち，まずは当事者の《対人的な態度のかたくなさ》をゆるめ，次に当事者の《ものの見方のかたくなさ》をゆるめるのが，メディエーターに求められる関わり方になる。

　このように，和田・中西（2011）が示す臨床技法の分類は，大枠ではパーソンズの理論と適合している。それは，残りの「気づきのためのスキル」についても同様である。「気づきのためのスキル」とは，当事者のものの見方の特徴（癖や偏り）を把握して，当事者の主張の背後に潜在する欲求やインタレスト（利害関心）がいったい何であるのかをまずはメディエーターが気づくための技法で，他の2つの技法（「エンパワメント・スキル」「対話促進のスキル」）に比べると，当事者に向けて用いられる技法というよりも，メディエーターが事態を的確に把握してメディエーションを適切に舵取りするために用いられる技法となる。メディエーター側に気づきがあれば，当事者に投げかける質問の仕方をうまく工夫するなど，当事者に自省を促すように対話を的確にナビゲートでき，結果的に当事者側の気づきも促進しやすくなるからである。

「気づきのためのスキル」のそうした特徴は，パーソンズの理論と照合するとより深く理解できるだろう。パーソンズの理論はサイコセラピーを雛型としていたが，サイコセラピーでセラピストが行う「解釈」が，「気づきのためのスキル」に対応していると考えられる。当事者の語りに潜在する明確には意識されていない願望が何なのかを探り，理解しようとする点が共通しているからである。さらに，そのような潜在する願望の理解は，専門家側が権威を笠に着て一方的に決めつけて当事者に押しつけるのではなく，仮説として当事者に投げかけ最終的には当事者自身による検証を，つまり自省を促す働きをすればよいと考えている点も共通している。加えて，専門家とのやりとりを通してその場で結晶化し形作られる（つまり曖昧模糊に潜在していたものが言語化されることではじめて明確化され認識可能になる）性質を持つと捉えている点も共通している。

　以上のように，和田・中西（2011）による臨床技法の説明は，パーソンズの理論と極めて適合的である。同書の説明は一貫して，非権威的にケアの姿勢で当事者の語り（ナラティヴ）に寄り添うことを重視する「ナラティヴ・アプローチ」という観点から組み立てられているが，その観点自体が実のところパーソンズの理論と相容れないものでない。パーソンズの理論が，サイコセラピーという，まさに「語り」を介した「治療」のやりとりを雛型としていることからも，そのように言える（ただし，パーソンズの理論は，あくまで研究者が研究者に向けて研究のために論じているものなので，実践者に向けてケアの姿勢を持つように説く和田・中西（2011）とは，論調が大きく異なる）。

§6 ── パーソンズの理論がもたらす理解の深化

　上記の通り，ADR振興のモデルとなったペレ族の実践に限らず，ADRがある程度普及した現在においてモデルとなる実践に対しても，パーソンズの理論は十分に適合性を有す。では，そのような理論は，どのような点でより深い理解をもたらすのか。パーソンズの理論をわざわざ持ち出す意義はどこにあるのか。

　パーソンズの理論は，多分野に渡る膨大な研究成果を踏まえながら人々のやりとりというsocialな現象の原理原則を解明しているだけあって，メディエーターが行う当事者とのやりとりについて，より深い理解をもたらしてくれる。

すなわち，§4▶4で解説したように，メディエーター（媒介者）は，①「対立する当事者同士のやりとりをメディエート（媒介）する」だけでなく，②「当事者以外の第三者が含まれていて公正さが価値を持つようなより広い世界へと当事者をメディエート（媒介）する」やりとりを当事者との間で行う必要があると気づかせてくれる。前者の①だけしか意識されていないことが多いように思われるが，後者の②がうまくいってこそ，前者の①もよりうまくいくようになると考えられるのである。

そして，そのために当事者とのやりとりでメディエーターに必要とされるのが，一連の4つの機能となる。そのうち，「許容」と「サポート」の2つの機能は，メディエーターがまずは当事者と友好的なやりとりを行うための，あくまで両者の間の友好関係だけを考えた《内向き》なやりとりに分類される。他方で，残りの2つの機能である「応酬の拒否（加担の拒否）」と「報酬の操作（自律の奨励）」は，《外向き》なやりとりに分類される。相手方を打ちのめそうとする独善的な求めには加担しない（つまりメディエーターとして公正さを保つ）ことや，独善的でも一方的でもなく公正さが保たれるような解決策を当事者自らが模索する自律的な取り組みを奨励することは，外部の第三者からも適切と認めてもらえるようなやりとりになるからである。

したがって，メディエーターは外部の第三者の視点を意識して，いわば外部の第三者を代表するかのようなやりとりを，当事者との間で行わなければならない。ただし，そのような外部の第三者（つまりは不特定多数）との友好関係を意識した《外向き》のやりとりは，当事者との間で《内向き》のやりとりが行われ，当事者とメディエーターとの間でしっかりと友好関係が築かれてはじめて効果を発揮するようになると考えられる（詳細は§4▶3などで解説した通りである）。メディエーターが第三者からみても妥当だろうと判断した自らの評価を一方的に当事者に押し付けるだけでは不十分なのである。それはまさに，当事者を置いてきぼりにする「評価型」と呼ばれるようなADRの問題点として，論じられてきたところである（第2章を参照）。

他方で，パーソンズの理論からは，「当事者に寄り添う」ことと迎合とは明確に異なる，というインプリケーション（含意）が引き出せる。いわば「内輪の話」で済むのであれば当事者を「許容」し「サポート」するとしても，そうでない場合は当事者のあらゆる求めに加担する（つまり迎合する）のではなく，当事者が自律的に適切な善後策を講じることができるように導く。それが，メ

ディエーションの目ざすところとなるからである。

　したがって，「評価型」のように過度に《外向き》寄りでも，「迎合型」のように過度に《内向き》寄りでもなく，バランスよく双方が結びつくように媒介するのがメディエーター（媒介者）に必要な働きとなる。

　このように，メディエーターとは徹頭徹尾メディエートする働きが必要な存在だと気づかせてくれるのが，パーソンズの理論の醍醐味である。パーソンズの理論は，そもそもメディエーターとはどのような存在なのかという根本的な問題について，類を見ないほど深い理解をもたらしてくれる。

§7 ── おわりに

　パーソンズの理論が示すのは，メディエーター（媒介者）はその役割を果たすために，まさにメディエート（媒介）するように働く必要があるということである。その働きが，「許容」「サポート」「応酬の拒否」「報酬の操作」といった4つの機能として明示されていた。

　なお，これらの4つの機能は相互に独立していて重複せず，どの機能も他の機能によっては代替できないと理論上は考えられている。また，この4つの機能で必要な働きは漏れなく網羅されていると（その根拠の詳細についてまでは立ち入らないものの）理論上は考えられている。

　ただし，それぞれの機能が何か特定の臨床技法と一対一の対応関係にあるわけではない。4つの機能はいずれも必要であるが，それはどの臨床技法によって果たされてもよいし，ひとつの臨床技法によって同時に果たされてもよいことになる。

　たとえば，問題を捉えるフレーム（枠組み）の変容を導く"リフレーミング"という臨床技法がある。このリフレーミングの技法は，「サポート」として機能したり，「応酬の拒否」として機能したりする。和田・中西（2011）で紹介されている具体例を参照して例示すると，次にようになる。

　仮に当事者が「あの医師は無責任で，毎日きちんと決まった時間に診に来てくれたことがない」といった主張をしていたとしよう。この場合，当事者は相手方を一方的に攻撃する非難のフレームでものごとを認識していることになる。そこで，メディエーターが「毎日きちんと回診があることが，あなたにと

って大切なのですね？」と言い直して確認をとると，議題が相手方のこれまでのふるまい（過去の行為）に対する糾弾（人格非難）から，相手方に今後どうしてほしいのか（未来の行為）という要望（課題提示）へと転換される。つまり，問題の捉え方が，対立が激化しやすい人格非難のフレーム（さらには，後ろ向きの過去志向のフレーム）から，相手方との関係修復を可能にする課題解決のフレーム（さらには，前向きの未来志向のフレーム）へと変容する。

　このように，リフレーミングは，相手方との友好関係を損なうような求め（暗黙裡に含まれる「一緒に賛同して糾弾してほしい」との要求）には応じないという点で，さりげなく「応酬の拒否」として機能する。と同時に，主張している当事者自身がはっきりとは自覚できていなかったニーズを「解釈」して言語化することで，課題がクリアになって善後策を講じやすくなるので，当事者への「サポート」としても機能する。もちろん，それは当事者との間で信頼関係が形成されている場合の話である。そうでないと，一方的な話題のすり替えのように受け取られ，当事者に寄り添った「サポート」だとは思われないおそれがある。

　こうしたことを念頭において，第6章で紹介される臨床技法の具体例が，どんな場面やタイミングでどの機能に該当する働きをする可能性があるのか読者自身で検討してみてほしい。そのような検討作業は，それぞれの現場の事情に応じて的確に機能するメディエーターとなるための格好のイメージ・トレーニングになるだろう。

第5章

日本型ADRにおける手続公正の課題

§1 — はじめに　　ADRの定義をめぐって

　2000年に入っての司法制度改革の一つの課題として民間の合意型ADRの拡充が取り上げられ,「裁判外紛争解決手続の利用の促進に関する法律」(平成16年法律第151号)〔ADR法〕が制定された。その第3条に, ADRについての定義が書かれている。

> 　裁判外紛争解決手続は, 法による紛争の解決のための手続として, 紛争の当事者の自主的な紛争解決の努力を尊重しつつ, 公正かつ適正に実施され, かつ, 専門的な知見を反映して紛争の実情に即した迅速な解決を図るものでなければならない (下線筆者)。

　ここでは, ADRは「法による紛争解決のための手続」として定義されている。「自主的な紛争解決の努力の尊重」「実情に即した迅速な解決」といったADRの特質という要素も書き込まれているが, その前提として,「法による紛争の解決の手続」という定義が置かれているのである。

　このことが象徴するのは, わが国では, 訴訟利用が必ずしも多くないことを踏まえて, ADRによって裁判におけると同様の正義を広く提供していくという, わが国の伝統的な司法観, 紛争処理システム観である。訴訟が少ないから, ADRで補完する, それにより法的解決を社会に浸透させていくという考え方である。こうしたADRの類型を日本型のADRと呼ぶことにしよう。なお, ADRとのみ記述するときは, 英米を含む世界標準のADR一般も含む概念を意味することとする。

　日本を除く海外では, ADRは, 概ね, 必ずしも法的な要素を含まないきわめて日常的なトラブルをも扱う制度として幅広く認知されている (第3章参照)。

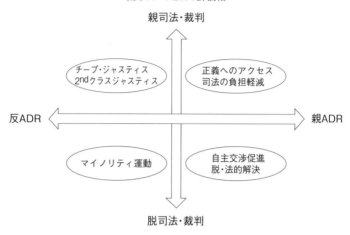

図5.1　ADRの評価軸

親司法・裁判

チープ・ジャスティス
2ndクラスジャスティス

正義へのアクセス
司法の負担軽減

反ADR　　　　　　　　　　　　　　　　　親ADR

マイノリティ運動

自主交渉促進
脱・法的解決

脱司法・裁判

わが国の「法による紛争の解決手続」というADRの定義は，世界標準からは
大きくかけ離れている。この視点の差異を反映して，ADR役割論，ADRをめ
ぐる規制のあり方，ADRの担い手，ADR手続に関する哲学，ADRにおける手
続規律，等に，わが国のそれとは大きな違いが見られる。以下，順次見ていく
こととしよう。

§2 ── ADRの諸相

　ADRの社会的機能を考える際，次の二つの理念軸を交差させて考えるとわ
かりやすい。ひとつは親裁判と脱裁判という字句である。いまひとつは，親
ADRと反ADRの軸である。
　左上の「チープ・ジャスティス論」から説明しよう。法・裁判による紛争解
決が理想的な解決であり，ADRは手続面でも裁判の厳正な手続規律と比べる
とおおざっぱで，解決内容を規律する規範も曖昧な，劣った紛争解決手段に過
ぎないと見る考え方である。これらは，チープ・ジャスティスとか，セカンド
・クラス・ジャスティスといった言葉でADRに言及する，いわばADRの機能を
軽視するに近い立場と言ってよい，そうした立場を明言まではしなくとも，一
定の数の法律家は実際にそのように考えていることも多いと思われる。とりわ

け，幅広い法律業務に様々な形で進出している海外の法曹と異なり，法律家，弁護士といえば訴訟業務がそのアイデンティティの根幹をなしているわが国の法曹にとっては，ADRへのこうした見方も根強い。

　右上の「正義へのアクセス論」は，裁判による解決を一つの理想と捉えながらも，ADRはその普及浸透によって，国民の正義へのアクセスを高め，また，裁判所の負担軽減にも役立つとして，ADRの意義を積極的に評価する立場である。小島武司教授は，かつて，正義へのアクセスをめぐるプラネタリー・モデル（惑星モデル）を提言されたが，この立場の重要な視点を表現している。すなわち，裁判は太陽として中心に位置し，その周囲を，裁判所の調停，各種ADR，さらには当事者間の交渉と距離に応じた形で取り巻いているというイメージである。太陽である裁判は，判決を通して周囲の紛争解決手段（惑星）に規範的な光と熱を共有する。調停やADRは，判決を規範的導きとしてそれぞれの解決を構成していく。また外部の社会（惑星）で生じた変化は，それぞれでの解決を通じて蓄積され，またそこで解決せず裁判に持ち込まれる形で中心である裁判へと至る。そこで判決を通じて新たな統一的規範が形成され，逆に社会へと照射され波及していくというモデルである。さらに，厳格な裁判手続を経ることなく多くの類型的紛争はADRで解決されるので，結果的に裁判は，真に重要で困難な案件に傾注することができ，有効なリソース配分が可能となる。ADR推進論を支えるこの考え方は，訴訟中心の紛争処理システム観が強いわが国では，おそらくマジョリティをなす見解であり，また先に指摘したADR促進法の内容につながる考え方といえよう。すなわち，ADRは，太陽である裁判が照射する「法的解決」に即した解決を提供する手続であり，それゆえ，「法による紛争の解決」のための手続という定義がもたらされるのである。

　右下の「脱・法的ADR論」は，これとは，やや趣を異にしたADR推進論の根拠となる考え方である。この立場では，ADRは必ずしも「法による解決」を意識する必要はなく，むしろ，裁判とは異なる独自の価値を持った解決を提供する手続であると捉えられる。英米圏では，ADRをめぐる標準的な論拠として有力な考え方でもある。米国では，1970年代から刑事領域の修復的司法に関する動きとも連動してADR運動が活発化する。刑事領域では，伝統的な刑事司法に基づく処罰を与えても，その後，逆効果を生み出してしまうことが多く，その反省から犯罪が頻発するコミュニティ内部の文化的価値に根ざした被害者・加害者間の関係修復を試みる方が，より安定をもたらす効果を産むので

はないかとの考えから，近隣ジャスティス・センターを設置する動きなどが進行していった。多文化国家であることを背景に，司法とは異なるメカニズムによる関係構築・紛争解決が目指されたのである。これは民事の領域でも，法や司法が提供しきれない関係の修復や，より深い感情的葛藤も含めた紛争解決を達成できる手続としてのADRの活性化へとつながっていく。このように，脱司法的なADR推進論も海外では有力であり，これが後に見るADR手続をめぐる様々な要素の差異をもたらすことになる。この理念のもとでは，わが国の「法による紛争の解決のための手続」とするADRの狭隘な定義は，あり得ない定義ということになろう。

　最後に左下の「マイノリティ運動に根ざすADR否定論」だが，これは司法制度と並んで，ADRも，穏やかな顔貌でコミュニティの安定（すなわち抑圧とも解釈できる）を図る支配層の権力的な政策の一環として，否定的に捉える考え方である。米国のような多文化国家に固有の考え方といえるかもしれない。

　もちろん，日本でも米国でも，論者によってこれらの立場の混在が見られるのはいうまでもない。ただ，おおむね，わが国では，親裁判＝反ADRのセカンド・クラス・ジャスティス論や，親裁判＝親ADRの正義へのアクセス論が有力であるのに対し，米国などでは，脱裁判＝親ADRの関係構築型ADRの理念が強いということができよう。ADRについて考えるとき，まず，自分の視点が上記のいずれに近いかを認識し，それを根拠として評価していくと，以下の手続規範や担い手論のあり方についても問題が見えやすくなるだろう。

§3 ── ADRをめぐる規制のあり方

　こうした役割理念の差異は，社会おけるADRの実態に強い影響を及ぼすことになる。まず，ADRの規制のあり方が問題となる。
　わが国のADR法は，第5条で次のように定めている。

　　民間紛争解決手続を業として行う者（法人でない団体で代表者又は管理人の定めのあるものを含む）は，その業務について，法務大臣の認証を受けることができる。

　また，第6条5項は次のように定めている。

手続実施者が弁護士でない場合（司法書士法（昭和二十五年法律第百九十七号）第三条第一項第七号に規定する紛争について行う民間紛争解決手続において，手続実施者が同条第二項に規定する司法書士である場合を除く）において，民間紛争解決手続の実施に当たり法令の解釈適用に関し専門的知識を必要とするときに，弁護士の助言を受けることができるようにするための措置を定めていること。

　すなわち，ADRを「法による紛争の解決のための手続」と定義したことを反映し，ADR機関は法務大臣の認証を得ることができる（というが，弁護士でないものがADRを主宰しようとすれば，実際には認証を受けることが事実上，必須といえる）とされ，かつその認証のためには，弁護士の関与を必須としているのである。もし，認証を受けず，弁護士の助言を得ることもなく，対価を得て紛争解決サービスを提供すれば，それは非弁行為として問題とされることになる。

　これに対し，英米圏では，ADRはむしろ法から距離を置いた手続であり，その実施にあたっても日本のような実施主体に関わる規制はない。ある個人が，ADR手続進行のトレーニングを受けた後，自宅で対価を得ての紛争解決業務を行ったとしても，それ自体としては非弁行為にはならず自由である。なぜならADRは，「法的解決」ではないからである。たとえば，親子の仲が悪く対立している（法的要素はなし）のようなケースでもADRがサービスを提供することになる。

　しかし，英米圏のADR事業者には，ある意味で日本以上に厳しい規律が設けられている。合衆国政府がADRを主宰するメディエーターの行為規範に関するモデル法を定めており，各州がこのモデル法をアレンジする形で手続規範を細かに定めているのである。日本のように，上からの認証などはなく自由に設置できるが，他方で，日本にはない，細かな手続運用に関する倫理規則が定められているのである。

　わが国では，上からの認証，およびその条件としての弁護士による監督が必須であるが，いったん設置された後の手続進行に関する詳細な行為規範はないに等しい。資格があれば，詳細な行為は一任するといった形である。これに対し，海外では，法的紛争解決の場でない以上，上からの規制はないが，その行為については詳細な行為規範が存在するといっていい。

　ADRそのもののとらえ方の差異が，こうした規制のあり方にも関わっているのである。

§4 — ADRの担い手

このことは，また，ADRの担い手が誰であるかという点にも関わってくる。わが国のADR法第3条は，「法による紛争の解決の手続」として定義した上で，「専門的な知見を反映して」という文言も含まれている。すなわち，ADRの手続主宰者として想定されているのは何らかの領域での専門知識を有する専門家であると素直には読める。これを反映して，認証ADR機関を設置した主体は，司法書士会，行政書士会，土地家屋調査士会，社会保険労務士会など，一定の紛争領域につき法的専門知識を有する士業団体が圧倒的に多い。海外のような純粋に民間の草の根的なADR機関は，存在しないに等しい。また，それぞれが弁護士の関与を前提としていることはいうまでもない。なお，同じく司法制度改革の際に簡裁事件について代理権を得た司法書士は，簡裁の事物管轄の範囲内なら弁護士の関与は必要でない。このように，わが国のADRの担い手とは，専門知識を有する専門家であり，間接的には弁護士ということになる。それ以外の者は，いかにメディエーションなど紛争解決促進のスキルに習熟していたとしても，ADRを実施することは，弁護士との連携なしでは難しい状況にある。

これに対し，米国では，ADRを実施したい場合には，一定の手続主宰のためのスキルのトレーニング（1週間程度が多い）を受講するだけで足りる。ニューヨークの裁判所が付設する紛争解決センターでさえ，そこのメディエーターになるためには，裁判所が提供するトレーニング（法律知識の教育などはまったく含まない）を受講すれば足りる。学歴要件もない。また，多くの州では，ロースクールでメディエーションの科目を履修した学生は，教員のスーパーバイズを条件に，少額裁判所での実際の案件にメディエーターとして関わることができる。日本では裁判所の調停委員は，概ね40歳以上の社会的に評価された職業の市民（たとえば，法専門家，教育者など）から選ばれるが，アメリカでは，20代半ばの学生でもスキルがあると理解されれば，問題なく紛争当事者にも裁判所にも受け入れられている。日本と欧米の根本的な文化的に差異もそこには強く影響しているといえよう。

このようにADRの担い手についても，わが国では専門家という形で狭くとらえるのに対し，海外ではきわめて自由度が高いということになる。ここでも，

ADRを「法による紛争解決手続」と見るのか,「法に囚われない自由な解決手続」と見るのかの差異が,強く反映しているといえよう。

§5 ── ADR手続に関する哲学の差異

こうした差異は,ADRそのものの概念の差異によって生じる結果であるとともに,また逆に,その基本概念の差異を強化する作用も果たしている。それは単純にADRを「法による紛争解決手続」と見る点に限定されるわけではない。そこにはより深い文化的・伝統的差異も包摂されている。

「当事者同士では解決できなくて第三者機関（ADRないし裁判）に申し立てたのだから,当事者が対話で解決するなどできるはずがない」といった批判がなされることがある。この言葉の背景には,当事者が解決できないのだから,第三者が解決していくのだという思考が潜在している。裁判は,判決という強権的解決策を提示し,調停でも調停委員が有効な調停案を提示するというのは,この「第三者が紛争を解決する」という紛争解決哲学のもとでは自然に出てくる発想である。

しかし,第1章で述べたように,社会的事実としては,これは誤りである。判決の後も,また調停案が受容され合意が成立した後も,当事者はその結果を参照しながら,自分たちの日常的関係の中に調整的に取り入れ,場合によっては改変していく。第三者が示す判断は,判決であれ,調停案であれ,最終的には当事者が関係を再構築していく際の,確かに重要ではあるが一つの要素に過ぎない。紛争の解決はどこまでいっても,当事者自身によってなされているのである。

日本やアジアの伝統では,社会的地位のある第三者が関与し,後見的に調停案を提示,当事者はその権威も尊重して同意するという紛争解決モデルが一般的であった。川島武宜教授が『日本人の法意識』（川島1967）の中で引用した「三人吉三」の例は,まさにこうした文化的モデルと言ってよい。お嬢吉三という悪党が,夜鷹から100両を奪うが,それを見ていたお坊吉三という悪党が横取りしようと争いになる。そこへより上手の和尚吉三が現れ,間に入って解決を提案する。

「己に預けて引いて下せえ……ここは一番己が裁きを付けようから，厭であろうが うんと云って話に乗ってくんなせえ。互いに争う百両は二つに割って五十両，お嬢も 半分お坊も半分，留めに入った己にくんねえ。其の埋草に和尚が両腕，五十両じゃ高 いものだが，抜いた刀を其儘へ収めぬ己が挨拶。両腕切って百両の，高を合わせてく んなせえ。」

　その後，三人は互いの腕に傷を入れ，互いに血をすすって義兄弟になる，と いう話である。これは西洋とは異なる要素（義理人情）を前提としたWin-Win 解決ともいえる。

　こうした伝統的紛争解決モデルの現代型が，いわゆる評価型調停といわれる モデルである。もちろん，現在においては，伝統的権威や義理人情が強い効力 を持つことは考えられないが，それに代わって法や専門性が，新たな権威とし て調停過程に動員されてくる。伝統的であれ，法や専門性であれ，この権威を 背景にした紛争解決モデルがわが国のデフォルトの紛争解決哲学であり，それ がADR法におけるADRの定義やその実務にも深く，自然なこととして浸透し ているのである。

　これに対して，西洋文化では，裁判のような一刀両断的解決と共存する形で， 「第三者が関与する当事者間の対話型自律解決」という考え方が一般に見られ る。日本的な「当事者同士では解決できないから第三者が解決してあげる」と いう考え方ではなく，「当事者同士では解決できないから，第三者に手伝って もらって，自律的な解決を達成する」という，あくまでも当事者の自立を確保 する考え方である。この場合，関与する第三者の役割は，当然に日本やアジア の文化におけるそれとは異なってくる。

　英米圏を中心に発達してきたメディエーションという紛争処理モデルは，い わゆる日本の調停とは文化的に異質な紛争解決モデルということになる。具体 的には，メディエーターは，日本の調停者のように調停案を提示したり，評価 ・判断を示したりすることにも消極的である。手続の過程で当事者の自律を最 大限尊重し，その自主的な合意形成を支援する謙抑的な支援中心の役割が原則 となる。これは今まで日本にはなかった紛争解決モデルであるが，調停と訳さ れることから，従来の調停と混同され多くの混乱も招いてきた。

　以下では，この西洋的メディエーションにおける手続規律の中身を見ていく 事にしよう。

§6 ── ADRにおける手続規律

　まず，海外では，研修を受けスキルを身につけた者は誰でもがメディエーターとしてADR事業を行えることは先に述べた。当然ながら，法的知識を有しないメディエーターが多いため，法的知識の活用，供与についての統制が必要になる。調停人のためのモデル倫理コードが設定され，各州はこれにアレンジを加えて規定指摘用するという形がとられている。もっとも，法的助言については，そもそもメディエーション過程では，問いかけによる対話の促進や発言への共感的受容が中心となるため，非法律家のメディエーターが法的な助言を行う場面は想定しにくい。それでも，限界的なケースを想定し，二重の規律がなされている。

　第1に，非弁行為（Unauthorized Practice of Law）としての規制である。言うまでもなく法的助言は，専門能力を担保された弁護士のみに許された行為であることは海外でも同様である。メディエーターが正確な知識もなく，資格もなく，法的助言を行う事は厳しく規律されている。

　第2に，非法律家であれ，法律家であれ，メディエーターは，法的助言の提供は原則として許されないという規律がある。法律家がメディエーターを務めている場合でさえ，原則として法的助言は許されないという倫理規定である。もちろん，法律家がメディエーターの場合には例外的な規程があり，両当事者が求め，かつそれが自律的解決の促進に有益な場合には，法的助言を行うことが許されることになる。これは，一般のメディエーターには許されない，法律家メディエーターにのみ許される関与の方式である。

　なお，ここでの法的助言とは，具体的な事案に対して法的知識を適用し専門的判断・評価を示すことであり，個別事案とは切り離された一般的な法的情報の提供については，一般のメディエーターでも専門的知見がある範囲で行ってもよいことになっている。

　また，法的助言と並んで法的効果を含む合意案の起草も同様で，原則として一般のメディエーターは行ってはならないとされている。

　このように海外では，法律家が関与した場合でも原則的には法的助言は行ってはならないというのが，デフォルトの形であるが，しばしば，英米圏でも，

日本の評価型と同様に法的助言を提供したり，合意案を起草したりする手続が多く活用されていると指摘されることもある。これは，ADR手続利用の時点で，当該ADR機関は法律家がメディエーターとなり，それゆえ法的助言を行うことがあるとの手続構成に，当事者が予め同意しているとの前提によるものである。個々の場面で法律家メディエーターが，両当事者から法的助言提供の実施についての合意をとる代わりに，手続に入る時点で，事前合意を得ておくという形で，原理的には許容されているものである。あくまでも，原則は，法律家メディエーターであっても，法的助言や解決案提示は控え，当事者の自主的解決を最大限追求していくことが，求められているのである。

　その背景には，手続の公正さへの強い志向がある。法的助言は，しばしば一方の当事者には有利で，他方の当事者には不利な状況を招くことがある。それをプロセスに注入することはメディエーターが一方当事者を利する行為になるとの認識である。アメリカのロースクール教授で構成される学会（Association of American Law School）のADR部会で，「メディエーションの場面で，一方当事者の代理をする弁護士の能力が低く主張を的確に構成しておらず，そのままでは，当該当事者に不利な合意がなされそうな場合，メディエーターはどうすべきか」という論点で議論がなされ，多くの議論があったものの「それは能力の低い弁護士を雇用した当事者の自己責任によるものであるから，メディエーターは実質的内容に関わるような助言はすべきでない」という見解が有力であった。実体的な正義より，手続的公正をより重視する考え方といっていいだろう。

　この強い手続的公正と，違法でない限り当事者の自律を最大限保障しようという理念は，わが国の調停過程には見られない。わが国では，英米に比して，調停人は，自由に法的助言を当事者に提供するし，そこに手続的公正への配慮や意識は，どちらかといえば薄いと言わざるを得ない。わが国では実体的解決内容の公正さは重視されるが手続的公正への意識が薄いのに対し，英米では，実体的解決内容が少々いびつであっても，手続的公正をより重視し，当事者がそれを受容する以上，介入しないといった対応がとられる。ここでも，実体的正義を重視する文化と，手続的公正をより強く重視する文化との根源的差異が反映していると言えるかも知れない。

　実はこうした英米型の規律が有効であるためにはある条件が必要で，日本にはそれが欠けているため，上記のような差異が生じてくるとも言えるが，この点は次に見ることにする。

そのほか，言うまでもなく守秘義務がすべてのメディエーターに課されていることはいうまでもない。ただし，この場合も例外はある。DVや児童虐待が問題となる事案では，メディエーションを打ち切り，直ちに報告することが求められる場合もある。

§**7**——ADRの背景条件　　日本とアメリカ

　日本における手続的公正より実体的正義への関心の強さ，ひいては，ADR法において，それを法的解決手続と定義し専門家の関与を前提とするアプローチの背景には，どのような要因が潜んでいるのだろうか。

　ひとつの可能な説明要因は，法的助言へのアクセス環境の差異という点である。アメリカでは，100万を超える弁護士が存在し，一般市民も持ち家のように若干でも資産があれば弁護士とのつながりを有している。何かトラブルが生じれば，相談することに心理的な抵抗もない。どんな小さな郊外の駅前にも，またショッピングセンターにも法律事務所は存在するし，資産のない貧困層でも公設の事務所が準備されている。西欧諸国でも，アメリカほどではないにしても，アクセスの確保はさほど難しくない。こうした法環境が存在するところでは，問題が生じれば弁護士に相談し法的助言を得ることが日常化しており，その結果，メディエーション機関に問題が持ち込まれる際には，当事者はすでに一定の法的助言を得て知識を有しているのが普通である。そのため，ADRにおける，「一切，法的助言は行わない」という行為規範も，大きな問題を生じることなく，妥当することが可能なのである。

　この法的助言へのアクセスが確保された法環境の下で，初めて，法的助言の獲得は自己責任であること，メディエーション過程でメディエーターは一切法的助言は行わないこと，それゆえメディエーターは必ずしも法的知識を持つ必要はないことなどを前提としたADRが機能しうるといえるだろう。党派的な法的助言と，中立的な対話促進調停の機能的区分が，そこでは可能となっているのである。

　これに対し，わが国では，法的助言へのアクセス環境には様々な機能不全が見られる。かつては弁護士数の少なさが大きなネックとなって，物理的なアクセス不全はもちろん，結果として，人々の側にそもそも法的助言を求める動機

付けが希薄となったり，アクセスすることに心理的抵抗があったりする状況が見られた。現在では弁護士数に改善が見られるものの，後者の社会的，心理的認識はいまだ大きくは変わっていない。すなわち，アメリカのように，何か問題に直面したら弁護士にアクセスして法的助言を得るという行動がほとんどなされていないケースがいまだに多いということである。

　それゆえ，わが国ADRでは，法的助言をまったく得ていない当事者を前提に対応せざるをえず，法的助言が必要な場合には，ADR手続のなかで，あるいはADR機関の機能として，法的助言提供の仕組みや行為を備えざるを得ない。また利用者の側でも，調停人に対し，法的助言を含む後見的な関与を期待しているのがふつうである。アメリカのように「法的助言獲得は当事者の自己責任」とはいえない状況がそこにはある。

　このようにわが国のADRは，当事者の自立的な交渉促進だけではなく，法的助言や解決案提示といった機能も合わせて提供せざるを得ず，そのことが，英米的な手続正義への関心よりも，実体的正義の確保に主眼が置かれる傾向を生み出しているものと思われる。

　また，ほとんどのADRが，いきなりの申立てではなく，相談から機関利用が開始する形になっているのも，同様の要因による。アメリカで日本のADRの相談前置の仕組みを話すと，なぜ中立機関なのに，そこで党派的な相談を行うのか，といった質問を受けることがある。日本の感覚では当然であっても，この相談前置自体，手続的公正に抵触するのではないかとの感覚が英米では強いようである。この点も，わが国の法環境，法的助言へのアクセスの難しさが，背景にあるといってよい。

　さて，実はこの法環境ゆえのわが国の調停機関ないし調停人が果たさざるを得ない複合的役割は，英米のメディエーターに課された責任をはるかにしのぐ大きく重い責務を負うことを意味している。「当事者の自己責任論」で自らの負担を転換できる英米のメディエーターとは異なり，わが国の調停人は，解決の実体的内容への責任を負うことになるからである。しかし，同時に，どちらかといえば軽視されてきたともいえる手続的公正の価値も，やはり重視していく必要がある。その際，英米流のメディエーションで培われてきたメディエーターの主に手続公正に関わる行為規範から，多くの学びを得ることができる。わが国のADRと英米のADRは環境も異なるゆえに参考にならないと即断するのでなく，また英米流のADR運用を理想化するのでもなく，そこから有益な

部分を学び，またこれまでの運用への自省の視点を得ることは，実際にADR手続を主宰する上で大きな意味を持つだろう。

これらわが国でのADR手続運用にも有益な手続公正に関わる論点，およびADR運用における様々なリスクと問題点については，ロールプレイを通じて，検討していくことにする。

なお，以下のロールプレイでは同席調停の過程として実施することを前提としている。英米でのADR手続のデフォルトの形式は，当事者が向き合って対話する同席対話形式であるが，わが国では，いまなお，ほとんどのADR手続で別席型（コーカス）が採用されている。しかし，これまで述べたように，たとえ別席型で手続を行うとしても，英米で採用されている同席方式に伴う手続運用の留意点には学ぶべき点が多い。

そもそも，同席がよいか，別席がよいかという二者択一の問題設定そのものに問題があり，当事者の関係性や対話の進行状況の中で，柔軟に組み合わせることが必要と思われる。医療事故後の感情的対立が激しいケースでは，まず別席で，十分に受け止め少しでも感情的混乱を鎮めることが，同席対話の前提条件となるし，別席で語りを聴くことがその後の自律的対話を促す効果を持つこともある。また，最終段階で行き詰まった場合なども別席で主張を整理することも有益な場合がある。同席，別席それぞれに利点と欠点があり，それを組み合わせつつ，有効な対話を進めることが，まさに調停人ないしメディエーターの能力といっても過言ではない。本来的には，同席対話を基盤とし，そこに適切な形で別席セッションを組み入れるのが，もっとも有益かもしれない。

その過程では，次章で述べる様々な対話促進の技法が必要になってくる。以下ではこうした点を念頭に，同席セッションを基盤としながら必要に応じて別席も組み込む形でのロールプレイを通して，手続公正に関わる論点や，対話促進の技法を学んでいくことにしよう。

第**6**章

メディエーションの臨床技法

　本章では，実際に欧米の対話促進型調停において用いられている技法についてその理論的背景と具体的展開に見ていくことにしよう。折に触れ指摘することにするが，これらの技法は，欧米の同席調停でメディエーターに必要な技法として考えられているものではあるが，その多くは，わが国の別席型調停を中心とするわが国の調停の過程で，一方の当事者と調停委員が面接する場合においても活用可能なものである。対話の技法として様々な場面での応用を想定してお読みいただければ幸いである。

§**1**──認知フレーム論

　まず，基礎的な視点として，紛争の根本に，また様々な論点ごとに，当事者は，その独自の視点から相手の人格や出来事のストーリー（ナラティヴ＝物語とも呼ばれる）を構成しているという点を確認しておこう。赤ちゃんは，世界を快・不快といった感覚でしか認識できないが，言語や文化を身につけるにつれ，われわれは身の回りの世界をより複雑な意味を持った世界として認識できるようになる。言い換えれば，生育の過程で「世界とはこうあるものだ」という世界についての「優勢な物語（dominant narrative）」に触れ，それを内在化することによって，いわばこのメガネを通して，世界の意味を瞬時に理解できるようになるのである。この眼鏡を認知フレームと呼ぶ。夫婦であっても親子であっても，生育環境や，世代，受けた教育等によって，この認知フレームは異なっているし，相互交渉の中で，この眼鏡自体が変容し見える世界も変わっていく。

　また紛争の発端からその過程まで，紛争当事者は，相手方の振舞いや言葉の表面のみを切り取って，自身のメガネを通して意味を読み込んでしまう。その

際，相手方の背景事情は見えていないため，いきおい，行為や言葉の意味を相手の人格に起因するものだと認知してしまうことになる。自身の行為や言葉の場合は，逆に背景情報をすべて理解しているため，その意味付けの仕方は異なってくる。このことは心理学の帰属理論でも明らかにされており，事象の原因について他者の行為については内的（人格）要因に起因するものと捉え，自己の行為については，外的（状況）要因に起因するものと認知する傾向があるとされている。

　このことは，紛争が生じる原因，紛争に伴うずれの拡大をもたらすが，しかし，他方，ストーリーの組み直しによって，相互の背景事情についての情報が共有されることで視点が変わり問題解決に向かう可能性をも同時に示唆している。先に見たように，紛争は個別の争点とともに，それに伴う関係的次元，感情的次元の対立も内包しており，ストーリーの組み替えによる相手への認識の変容を促すことは，重要な課題となる。まずは，このずれがどのように当事者の中で生じているかをメディエーターは把握する必要がある。そのためには，IPI分析という考え方が有益である。

§*2* ─ IPI分析

　IPI分析とは，ハーバード大学の交渉研究プロジェクトで開発された対立状況の分析モデルである。しかし，もともとは20世紀初頭にメアリー・フォレットが提起したコンフリクト分析の焼き直しといえる。有名な姉妹によるオレンジの取り合いの事例（一個のオレンジの帰属を争っているが，実は姉は皮を，妹は実を欲していて争う必要はなかったというもの，表面の主張でなく隠れた深いニーズに注目せよとの示唆）も，実はフォレットが提示したものである。これをさらに，先の認知フレームの齟齬として見ていくのである。

　IPIは，イシュー（争点），ポジション（表層の主張・要求），インタレスト（深層の欲求）という3つの概念で構成される。ポジションとは，「夫がこどものことを省みない」などの事実についての主張や，「親権は絶対に譲らないし，面接交渉も許さない」といった要求の主張など，当事者が当初とっている位置を示す発言等である。インタレストは，そうした表層の主張の背景に隠れている深層の欲求やニーズであり，当事者自身，気づいていないことも多い。たとえば，

「親権は絶対に譲らないし，面接交渉も許さない」といった強い主張も，その激しさを生み出しているのは，子どもを大切にしたいという子どもへの想いが根源にあるかもしれない。それが，相手方の一言や振舞いを契機に怒りという形をとって表出している可能性が高い。イシューは，まずはポジションレベルの争点を指すが，対話による気づきを通して「インタレストに即した前向きのイシュー」へと転換されていくことになる。ハーバード・モデルは，ポジションレベルのイシューを解決しても貧困な解決にしかならない，インタレスト・レベルでのイシューに転換しインタレストを満たす解決を求めることが重要とする考え方である。

　このハーバードのモデルは，あまりに単純で，そのままでは適用できないと思われる。なぜなら，ビジネス紛争も含め，ほとんどの紛争状況における人々のインタレストは，怒りや不安といった感情的要素を強く包含しており，またその人の人生観や生きがいにまで及ぶ深さを秘めているからである。それゆえ，ハーバード・モデルが前提としたように，ポジションの背後に，隠れた固定したインタレストが見出せるというシンプルな考え方でなく，インタレストそのものが多層的で，対話（語りと情報共有）を通じて認知フレームが変容し，リアリティの見え方が変わっていく，いわばインタレストのナラティヴ的構築の過程としてIPIの展開を考えていく方が現実的である。

§3 ─ FACE分析　　事実主張と要求主張と感情主張

　ポジションには，事実主張と要求主張と感情主張という次の3つの種類がある。実際には，これらは明確に区分できず，ひとつの言葉の中に混じりあっているが，おおよその分類は可能である。IPI展開をする場合は，まず，当事者の発言をこの3種類に分類していく。

　その際，要求の主張，感情の主張は，当初は，いわば先鋭化した攻撃的主張であることが多いため直接取り上げず，まず，事実の主張の齟齬を見極め，その認識の差異がいかなる認知フレームの差異によって生じてきているかを把握し，対話を通して誤解や，異なる現実のイメージの可能性への気づきを促していく。事実主張の場合でも，表面的な事実主張の背後にあるより大きな事実の認識について，深く掘り下げるような対話の促進が重要である。

この当事者の主張の最初の整理のために，「要求主張（Claim）」「感情主張＝怒り（Angry）」「感情主張＝怒り以外（Emotion）」と分けて整理するのである（頭文字を取ってFACE分析と呼ぶ）。事実主張以外にも，怒り以外の感情も，インタレストに近いことが多く，受け止めながら掘り下げていくことも可能である。

　FACEの中でも，事実主張（F）は対立のポイントを見究めるのに有益であり，対話促進の方向性も見せてくれる。また，怒り以外の感情（E）は，インタレストに関わる深い問題を反映していることが多く，インタレストの理解に有益である。他方，表層的な要求主張や，怒りの感情は，いわば深いインタレストを見究めていくデータ程度の扱いとなる。

§4 ── アクティヴ・リスニングと話題制御

　聴き方の技法については，各所で解説もなされ，手引書も多いので，ここでは，簡潔に整理しておこう。また，第3章の説明も参照してほしい。

【1】　第1に，非言語コミュニケーションの重要性である。紛争当事者は調停委員に対し，緊張を感じ，本当に自分の問題を理解して聞いてくれるだろうかとの不安を抱えている。一般に，対人関係の印象は，かなりの程度，語られる言語以前に，非言語的な身振りや振る舞いに影響されるといわれている。

　姿勢については，カウンセリングのような1対1の場面と共通する部分と，同席調停の場面で対立当事者2当事者を面前にする場合とでは少し異なる注意も必要である。別席で話を聴くような場面では，少し身を乗り出すようにして，適宜視線を向けていくという一般のカウンセリング同様の対応で十分である。メモは取ることも必要だが，しばしば視線を上げて当事者を見ることを忘れてはならない。

　同席の場面でも基本は同じだが，必ず，両当事者の動きを視野に収めつつも，「発話している当事者の方を向く」という姿勢制御が重要である。もし，逆に，当事者Aが話しているときに，調停委員が当事者Bの方を見ていると，当事者Aの発話内容に非難の調子が含まれているときなど，当事者Bからすれば，調停委員も同調して非難のまなざしを向けているとの誤解を生じかねない。必ず，発話している側に少し姿勢を傾けて目を向けていることで，こうした誤解は防止することができる。

【2】　第2に，当事者が発話しやすいように促す，簡単な反応も重要である。うなずきやあいづちなど，ごく小さな「発話」「応答」によって，当事者への関心と受容を表現することができる。この小さな奨励が，当事者の発話行為に対する「報酬」となり，「聴いてもらっている」との満足感をもってもらうことができるのである。当然，逆の場合には逆の結果が生じることになる。あいづちの頻度によって，話し手の話の長さが異なってくるという相関関係についてはすでに実証的に明らかにされている。

　ただし，この「小さな報酬」については，欧米人と比べ，アジアの人は，その対話文化のもとで，日常的に上手に使いこなしているともいわれている。特に日本の「聴く」文化のもとでは，これらを「スキル」として捉えるまでもなく，「聴く姿勢・態度」を保持していることで自然に発現するものなのかもしれない。

【3】　第3に，質問のスキルである。質問には，「閉じた質問」と「開かれた質問」がある。閉じた質問は，返答がイエス・ノーや単純な形で導かれるような質問法である。「それは何日のことですか？」「4月の27日でした」とか，「クーリングオフの説明は聞きましたか？」「いいえ」といった形である。これに対し開かれた質問は返答がストーリーでなされるような質問法である。たとえば，「契約を結んだ日の様子を詳しく教えてもらえますか？」「実は，あの日は朝から……」といったストーリーによる応答が続く。

　このふたつは機能が異なり，どちらがいいかという問題ではない。正確な情報を得たいときは前者，より広いバックグラウンドを聴きたいときは後者が有効である。しかし，当事者の対話による認識の変容を促すという関係調整のためには，後者の開かれた質問が，より機能的である。海外のメディエーションでは，ほとんどの場合，開かれた質問が用いられている。別席の場であっても，開かれた質問であれば，当事者は自分の話を聞いてもらえている感覚をもつ。

　さらに，事実を正確に認識するためには、必ずしも閉じた質問がよいというわけではない。閉じた質問の場合には，まさに裁判の様に，いずれの主張が客観的かをギリギリと詰めて確認していくことになる。他方，開かれた質問では，背景や相手方に見えていなかった状況などを語らせることで，ある発言や振舞の意味が背景の中で異なって見えてくるという形での事実の文脈的再理解が促されていくことになる。互いの見えていなかった背景事情が語りの中で見えてくることにより，表層だけを見ていた相手方の言葉や振舞いの意味が，異なって見えてくる可能性があるのである。関係調整のためには後者がいっそう意義

をもつ。それゆえ，メディエーションでは，ほとんどの場合メディエーターは開かれた質問を投げかけて，情報共有を促進させることに注力するのである。この点も，事実を確定し，解決案を提示する，わが国の場合とは大きく異なっている。

【4】 第4に，パラフレージングと呼ばれる言い換えによる応答技法がある。このパラフレージングも，語りを深く傾聴していることを示すメッセージとして，話し手に充足感と信頼感を与える技法の一つである。パラフレージングでは，話し手の語りの「内容」の次元に焦点を合わせ，これを言い換えていく。単純な「繰り返し」や「反復」ではなく，話し手の語りの中の重要なキーワードをとらえ，それを用いながら，自分の言葉で言い換える技法である。

　パラフレージングについては，おうむ返しを推奨する文献もあれば，否定する文献もある。特に日本語では文字どおりのおうむ返しは避けるべきだと思われる。なぜなら，英語のパラフレージングの場合には，

　　It seems to me that……

　　It sounds like that……

　　I understand that you said……

というふうに，おうむ返しをするとしても，その前に明らかに単なる言葉の繰り返しとは差異化された表現がなされる。ところが日本語の場合には，「～ですね」と，語尾が少し変わるだけで，ほとんど文が重なってしまうことが多い。そのため，繰り返されると，受け止めというより，逆に不自然な感覚を与えてしまうことになりかねない。キーワードを捕まえて少し自分の言葉で言い換えることが重要である。

【5】 第5に，感情のリフレクションが重要である。パラフレージングが，話し手の語りの「内容（事実的次元）」についての応答だったのに対し，これは語りに含まれる「感情の次元」への応答を意味する。たとえば，「夫がこんなことになって，Bさんのことは絶対に許せません」といった言葉は，相手方への怒りの表出ではあるが，同時に，「夫がこんなことになって」という部分で，その怒りの根源に存在する不安や悲嘆が垣間見えている。そういう時に怒りの奥にある感情を受け止めて応答することが有意義となる。「ご主人のことで，本当におつらいんですね」といった具合である。怒りは表層的な感情であり，怒りの奥には必ず不安や悲嘆が潜んでいる。この深層の感情をうめく受け止めることで，少しでも感情の鎮静化していることにつながっていく。特に日本人

の対話の中では，この深層の感情への応答は，いっそう効果的であろう。

【6】　最後に第6として，敵対的な論点から協調的な話題へと転換を促すためのリフレーミングの重要性について説明しておこう。リフレーミングとは，当事者の主張が向けられた攻撃的で狭い争点を，別のニュートラルで前向きに対話が進みそうな論点に変換することである。当事者の発言は，過去の問題について攻撃的に，しばしば相手方への人格攻撃も含む形で行われる。同席であれば，そのままでは相手方も反応し対話はエスカレートしていく。別席でも，攻撃的主張をすることで，その当事者の認識はより固まっていってしまう。そういうときに，否定はせずに，うまく当事者の視点の変容を促すような論点に組み替えて気づきを促していくのである。

　たとえば，一方が，「半年前，子どもが病気になったときも，仕事が忙しいとか言って，毎日遅くまで帰らず，ほったらかし。愛情のない冷たい人なんです」といった発言は，過去の行動への非難，人格への帰責を伴っている。こうした場合，「冷たい人なんです」といった人格批判の言葉は，そのまま受け流す。そして，たとえば，「子どもさんのこと，大切に思っておられるのですね。その点，ご主人が子どもさんのこと，どんな風に思っているか聴いてみてもいいですか」，その後，相手方の子どもへの想いの語りを引き出したり，仕事の状況などの背景を語らせたりしていく。メディエーターが，うまく引き取った上で，論点のフレーム（枠組み）を，相手への非難から，子どもへの互いの想いへと転換し，前向きな話しにつながりそうな話題へナビゲートするのである。この際，まちがっても，「ご主人にも事情があるだろうから，それも聞いてみましょう」という風に，発話者への非難のニュアンスを感じ取らせるような言い方をしてはならない。

§5 ── 手続過程でのヒント

　さて，アクティヴ・リスニングや質問その他のスキルを学んだとしても，どのような形で対話を支援していくか戸惑うことも多い。ここでは，調停進行過程でのいくつかのヒントを示しておこう。同席対話の際に，より重要なノンバーバルなコミュニケーションに関わるポイントであるが，別席聴取の際にも応用できるはずである。

【1】 話している当事者の方を向く

　メディエーターは，常に話している人の方を向いていないといけない。たとえば，当事者Aが当事者Bに対して怒りを示しているときに，メディエーターが責められている当事者Bに視線を向けていると，それだけで，当事者Bの側は，当事者Aとメディエーターが一緒になって自分を責めているような感覚を持つ可能性がある。視線が持つ同調効果である。こうしたリスクを避けるためにも，また，話している当事者の発話を共感的に受け止めるためにも，メディエーターは，常に話し手の方も向いておく必要がある。

【2】 対話のキャッチボールの方法

　また，当事者Aが話した内容をそのまま，当事者Bに投げかけたりすることがある。例えば当事者Aが，「給料を全部入れてくれないんです」と言った時に，それを受けたメディエーターが，当事者Bに「給料を全部入れないのですか」とか「給料はどうしているんですか」と質問したとする。これではメッセンジャーに過ぎない。この場合も，一方が述べたのと同じ内容をメディエーターから繰り返し聞かされれば，相手方は，メディエーターも一緒になって責めているとか，相手の言い分を鵜呑みにしている，と不公平さを感じてしまう。先ほどの視線と同じマイナス効果である。その発言がネガティブな内容であればあるほど，その効果は大きくなってしまう。

　これを避けるために，ネガティヴな発言の場合には，メディエーターはその発言をいったん受け止めた上で，先ほどのリフレーミングにより話題転換を試みるとよい。たとえば，「この人は子どもに関心がないんです」という発言を受けて，まず発話者に向けて，「お子さんのことを大切に思っておられるんですね。では，私からご主人に聞いてみてよろしいですか？」と返した上で夫側へ「ご主人は，お子さんと過ごすときはどんなふうに過ごされているんですか？」という風に，相手方にも子どもに関心を持っていることを示すような発言を促して話題を前向きに転換するなどである。

【3】 見守ることの大切さ

　また，対話促進を目的とするメディエーションの場合，主役はあくまでも，当事者だということである。それゆえ，対話が始まった当初，当事者Aが感情的な混乱を表現し，当事者Bが反応し，さらに当事者Aが怒りを募らせる，といった過程がみられる場合もある。こうしたときに，ケースにもよるが，無理にメディエーターが流れを止める必要はない。むしろ，そうした感情の表出が

必要なこともある。この段階では，怒りの奥で苦悩と深い悲嘆に苛まれている当事者の想いを，ただ，受け止めていくだけでいい。感情の表出とその共感的受容も，対話が促進されるために必要な過程である場合があるのである。ここでは，共感的に見守ることがメディエーターの役割になる。圧迫的に制御しようとするのでなく，受け止めることで，実質的な制御につなげていくのである。

こうした感情表出は，ある程度のところで，実は当事者自身が，流れを変えてほしいと感じ始めるポイントがある。当事者も，ただ，怒りを表出させに来たのでないとすれば，それは当然である。あるいは，あまりに攻撃的で，やはり割って入る必要がある場合もあるだろう。しかし，さえぎるように「ちょっと待ってください。そういう態度はやめてください。」といった入り方をすると，その入り方自体に不信が向けられる可能性もある。ここでも，当事者に敬意を払いながら，たとえば「すみません。今，お話されたこと，私がきちんと理解できたかどうか，確認させていただけますか？」という形で入るとよい。こういう形でなら，感情的になっている当事者も，いったん止まってメディエーターの関与を受け入れてくれる。

その後，メディエーターの視点から争点をまとめたりするので，まずは，当事者が話した内容を，鏡に映すように簡単にまとめて提示するとよい。自分が言った内容を，鏡に映すように客観的に見せられることで，当事者は，「そこは言い過ぎていた」とか「そんなことを言いたかったわけではないのに」と気づくことになる。感情を表出していた当事者側も一区切りがつくだけでなく，自分の語りをそのままメディエーターがまとめ直すのを聴くことで，自身の語りについて，客観的に見直すことができ，その結果，本心から外れた主張や，主張に内在する矛盾などにも気づきが生まれる可能性が出てくる。

【4】　受け止めることによる感情の沈静化

また，指摘しておきたいのは，メディエーションの主役はあくまでも，当事者Aと当事者Bの当事者だということである。それゆえ，同席セッションの場合，対話が始まった当初，当事者Aが感情的な混乱を表現し，当事者Bが応答し，さらに当事者Aが怒りを募らせる，といった過程がみられる場合もある。こうしたときに，無理にメディエーターが流れを止めようとしても逆効果になることも多いし，むしろ，そうした感情の表出が必要なこともある。こうした場合，無理に止めてしまうのでなく，苦悩と感情に苛まれている当事者の気持ちを，ただ，受け止めるような対応を粘り強く続けていくだけでよい。感情の表

出とその受容が，結果的に感情を鎮め，対話が前向きに促進されるために必要な前提である場合が多い。ここでは，共感的に受け止めることがメディエーターの役割になる。

また，逆に，当事者間で対話がスムーズに進んでいる時も，メディエーターが無理に関わる必要はない。当事者Aが，非常にいい対応で当事者Bを受け止めながら応答しているときには，メディエーターがわざわざ関わる必要はなく，見守っているだけで十分である。

同席セッションでは，多くの場合，極端に感情的対立が激しい場合を除き，対話の始まった最初の間は，メディエーターは発言せず，対話の流れを見守りながらついていくだけでよいだろう。

【5】 いいイッシューが表出されたとき

対話の過程で，相手に対するよい評価が表出されることがある。「私が病気になって倒れたときは，親身になってくれて感謝したこともあったのに，最近の対応は許せないんです」と当事者が述べたとしよう。相手方は，後半の「許せない」の部分が強く印象に残り，そのままでは溝を深めてしまうかもしれない。つまり，争っている対話の場面では，いいポイントは，流れの中で消えてしまい，悪いポイントのみ印象に残ってしまいがちなのである。

こうした際に，失われがちないいポイントを拾い上げて，共有を促進し，対話の流れの転換を試みるのがメディエーターの役割である。「すみません。○○さん，ひとつ聴かせてください。さきほど，病気になったとき，Bさんが親身に対応してくれたとおっしゃってましたね？」と問いを投げてみると，「確かにあのときはやさしかったです」といった返答が返り，いいポイントも認識していることが改めて両当事者に共有されることになる。

さらに，「では，どんな風に優しかったんですか。少し教えていただけますか？」といった問いを立てれば，攻撃的な言葉ではなく，相手を評価していたのがどういう所なのかが見えてくる。実はそこに当事者Aが当事者Bに求めている本質的なニーズが隠れているかもしれない。当事者B側も攻撃されるだけでなく，当事者Aのニーズのありかが認識できれば，前向きな対応の提案が出てくるかもしれない。これは，まさしく，ポジションからインタレスト・ベースの対話へとメディエーターが導いたことを意味している。

このように，対話の中に出てくる，相手へのいい評価は，対話の流れを変える手掛かりとして有効に機能する可能性があるのである。それは個別争点の解

決にとっては遠回りに思えるかもしれないが，関係の回復にとっては，有益な流れとなる。

【6】　怒り以外の感情が表出されたとき

　怒りは，感情としては二次的な表現に過ぎず，その向こうには，悲嘆や苦悩，悔しさや不安など，別の深い感情が存在している。メディエーターは，この怒りの背景に潜むより深い感情に鋭敏でなければいけない。怒り以外の感情は，やはりインタレストにつながっていることが多いからである。そうした感情が表出されたら，自然に共感的に受け止める姿勢を持っていなければいけないのは当然である。その上で，メディエーターは，その深い感情に関わる，ないしそれを取り巻く事実関係について，事実を拓いて聞いていく。たとえば，「この病院で間違った注射をされて，私の体に何かあったらどうしてくれるんだ」という言葉は，怒りの言葉でもあるが，実はその奥に誤注射による副作用への不安が強く存在することをうかがわせる。怒りの奥には不安があり，この不安が解消されることが，怒りの沈静化には必須なのである。

　この怒り以外の感情の表出は，先のいい評価と同様，しばしば流れを転換する大きな意味を持っている。相手方も怒りには防御的になっても，怒りの背景の深い感情に触れると，態度が変容し，応答的な流れに転換することがある。対話は相互的なものである。一方の変容は，他方の変容を促すことになる。メディエーターは，その機会を捉え，よい方向に進むよう支援していくことになる。

【7】　対話が繰り返しのループに陥った時

　メディエーションの過程では，当事者Aが主張し，当事者Bが応答するものの，納得が得られず，また同様の主張がなされ，同様の応答がなされるというループに陥ることがしばしばある。この場合，いったん，当該論点を棚上げに，その他の背景情報の共有を促すような質問を行って，対話の場に出ている素材を拡張するようなほう以降を試みるとよい。ループに入っているのは，何か重要な背景情報が，いまだ隠れていて，誤解が存在しているといった事情が原因となっている場合がしばしばある。ここでも情報が拓かれ，増えてくることで，ループを脱却できるきっかけが見えてくるのである。

【8】　まとめ

　以上，対話過程を促進するためのいくつかの技法やヒントについて見てきた。もちろんこれに限るわけではない。そしてなにより，こうしたスキルは，読ん

で学ぶ，聞いて学ぶ，ものではなく実践し体感する中で「身につけるべき」ものである。そのためには，ロールプレイなどが必要で，それゆえに，海外ではメディエーターはこうしたトレーニングを受講することが必須要件となっているのである。

　またこれらスキルは単に表層的なテクニックではなく，ここで述べたような紛争解決をめぐる文化的理念・哲学の反映でもあり，背景にはきちんとした社会理論が存在しているのである。

第**7**章

ロールプレイによるメディエーションの実践学習

§**1** ― 法的助言提供の陥穽 　　ロールプレイによる学習

▶*1*　ロールプレイ実施の手順

> 3名1組　90分

【1】　グループ分け（5分）

　まずグループ分けを行う。クラス全員が，3名1組で全員が参加し同時平行で進める方式と，代表の一組だけがロールプレイを実施し，他の受講者はそれを観察するという方式がありうるが，これについてはインストラクターの指示に従って進める。

【2】　役割配分（5分）

　グループが決まったら，グループ内で，役割を決める。本ロールプレイでは，住宅建築発注者・申立人（上本博），住宅建築会社担当者・被申立人（金本智明），およびメディエーターの3者である。

【3】　準備の注意点（10分）

　自分の役割の情報について，熟読する。共通情報については，全参加者が見てもよい。書籍という性格上，すべての役割の情報が以降のページに続けて掲載されているが，秘密情報なども含まれるため，自分の担当する役割の情報のみ熟読し，他の役割の情報は一切見てはならない。メディエーター役はメディエーター役用の情報のみで，当事者に準備された情報は見てはならない。

【4】　ロールプレイの実施（45分）

　机など場所を準備，設定した上で，メディエーターから申立人に促す形でセッションを開始する。ロールプレイは45分程度実施する。状況によって，必ず

しも，最終合意に至らず，中途でもよい。

【5】　グループ振り返り（10分）

　　終了後，各グループごとにディスカッションを行う。まず，各役割に与えられた特別な情報，秘密情報などを開示し，その上で，メディエーターの関与について，当事者役として迷った点などを手がかりに，事由に評価・議論する。

【6】　全体フィードバック（15分）

　　インストラクターの指導の下，複数で実施した場合は，各グループごとの結果や過程，問題点などを発表，共有し，全体で，その差異や問題点についてディスカッションする。また，代表チームのみが実施した場合は，インストラクターの指示のもと，観察者も交えて，結果，過程，メディエーターの関与の是非などをディスカッションする。いずれの方式で実施した場合でも，本テキストに記載の「振り返り論点」のページの内容を参考にするとよい。

【7】　その他の留意点

　　ロールプレイであるため，現実にはやや考えにくい状況や誇張された内容が含まれている場合もあるが，教材として，その点は，ご海容願いたい。これらロールプレイは，主としては学生をその参加者として念頭においている。

▶2　役割別ロールプレイ資料

★資料　1－1　　共通の情報：契約書

建築請負契約書

発注者　藤波進太
請負者　虎木工務店 金本智明
工事名　木造2階建て住宅建築工事
発注者と請負者とは，上記工事の施工について，次の条項と添付の請
負代金内訳明細書，工事請負契約約款，設計図 ○枚，仕様書 ○冊とに
基づいて，工事請負契約を結ぶ。

　　　　　1　工事場所　兵庫県西宮市甲子園○○○
　　　　　　　2　工期 着手　○○年4月5日
　　　　　　または，契約の日から14日以内
　　　　　　　完成 ○○年7月5日
　　　　　　また，着手の日から90日以内
　　　　　3　引渡しの時期 完成の日から7日以内
　　　　　　4　請負代金額 金 20,500,000 円
　　　　　　うち，工事価格 20,000,000 円
　　　　　取引に係る消費税及び地方消費税の額 500,000 円
　　　　　5　請負代金の支払 契約成立時に 2,000,000 円
　　　　　　完成引渡し時に 10,000,000 円
　　　　　引渡しから2ヶ月後に 8,500,000 円
　6　その他特記事項：請負者は，本建物引渡し後，2年間に限り，本建
　　　　　物に関する瑕疵担保責任を負うものとする。
　　この契約の証として本書2通を作り，当事者が各1通を保有する。
　　　　　　　　　　　　　　　　　　　　　　○○年4月2日

　　　　　発注者 住所　兵庫県西宮市甲子園○○○
　　　　　　　　氏名 藤波進太 ㊞
　　　　　請負者 住所兵庫県西宮市○○○
　　　　　　　　氏名 虎木工務店 金本智明 ㊞

第7章——ロールプレイによるメディエーションの実践学習 ｜ 113

　　○○年4月2日，藤波進太は，虎木工務店（金本智明）との間で，別添契約書の通り，住宅建築に関する請負契約を結んだ。

　　同年7月10日に完成，引き渡しを受けた。3年目に入って，本年9月の台風時に，基礎の土台の部分が崩れ，家が傾くなどした。

　　上本博より，補修費用についての虎木工務店の負担を求めて，本件が申し立てられたものである。

　私は，印刷会社に勤務していますが，家内と愛犬のあいちゃんと暮らしています。○○年に念願のマイホームを建てることとなり，虎木工務店に建築をお願いしました。○○年に入ってすぐ，知人の建築士さんに設計をしてもらっていた自宅のプランができあがったので，その紹介で虎木工務店と交渉し，その後，契約したわけです。木造2階建ての建坪35坪の家です。何度か相談をして4月2日に最終的に契約書作成しました。工事は順調に進み，7月10日には家が完成し，私たち家族は大喜びで引っ越ししました。住み始めて特に問題になることもなく過ごしていたのですが，6年経った今年の9月初めの台風の際に，基礎の盛り土の不足からだと思うのですが，床下に浸水し，同時に家全体が少し傾いてしまいました。大きな台風だったとはいえ，浸水したり，傾いたりしたのはうちだけで，近所の家は古い家も含めてまったく被害などありません。

　すぐに虎木工務店に連絡したところ，見に来てくれましたが，「保証期間が過ぎているので，どうしようもない。補修をすると約500万はかかるだろう」ということでした。しかし，同じ時期に建った他の家は，何も被害を受けていません。これは明らかに欠陥住宅だと思い，建築士さんに見てもらったところ，基礎を含む建物の構造について明らかに問題があったということがわかりました。そこで，再度，虎木工務店に連絡し，「これは手抜きによる欠陥工事ではないか。そちらの責任なのだから，きちんと修理や補修をしてくれ」と申し入れました。

　ところが，虎木工務店からは，法律では，「台風による被害でもあり，施工上の瑕疵といえるかどうかは不明である。また契約書では，こういう場合の保証は2年間とすると書いてあるので確認して欲しい。残念ながら，藤波さんの場合には，2年を過ぎていて保証外になっています」と言われてしまいました。契約上はそうかもしれませんが責任は虎木工務店にあると思います。完全な補修のためには，500万ほどかかるとのことですが，貯金すべて合わせても300万くらいしかありません。契約ではやむを得ないとしても虎木工務店には誠意だけでも示して欲しいと思っています。全額は無理でも，少しぐらい，誠意を見せてくれてもいいと思いADRセンターに申し立てたのです。

　虎木工務店の金本と言います。平成12年に入ってすぐ，知人の建築士を通じて，藤波さんの木造の住宅建築工事のお話をいただいた。何度か，相談したり，見積もりを出したりして，最終的に4月2日に契約書を作成した。また，特約として，瑕疵担保責任を負う期間を2年間とした。工事は順調に進み，7月10日には家が完成し引き渡した。そのまま，2年間の瑕疵担保責任期間も経過し，我々も忘れた頃に問題が持ち込まれた。6年目を過ぎた今年，9月初めの台風の際に，基礎の盛り土の不足から床下に浸水し，同時に家全体が少し傾いたと言ってきたのだ。藤波さんには，保証期間が2年で経過しているので，費用についてはどうしようもない，補修すれば500万ほどかかると答えておいた。

　（こちらからは話さない秘密情報＝下線部）

　これは相手方にもメディエーターにも言えない事情だが，「住宅の品質確保の促進等に関する法律」が，平成12年から施行されている。この法律ができるまでは，民法638条により，木造家屋の場合には，瑕疵担保責任を負うのは引渡し後5年間だけ，しかも契約で合意すればこれを短縮することも可能だった。しかし，新しい法律では，それが木造でも10年となり，短縮は許されないということになっている。不景気の中，そんなに長期間責任を負わされてはたまったものではないというのが，我々中小工務店の本音だ。こんな法律は向こうは知らないだろう。工事は確かに問題があったといわざるを得ないものだ。当時，仕事を任せていた従業員（既に退職）が手抜きを指示したのかも。こうした事情まで，わざわざこちらから言う必要はないだろう。契約時には契約書通りに合意したのだし・・・。

　そうこうするうち，「基礎を含む建物の構造について欠陥がある。これは手抜きによる欠陥工事だ！　きちんと修理や補修をしてくれ」と言ってきた。そこで，「契約した2年瑕疵担保責任期間はとうに過ぎてしまっている。また，特約なしでも，民法638条に規定された木造住宅の瑕疵担保責任期間の5年も経過してしまっている。気の毒だが保証外だ」と返答したらメディエーションに呼び出しだからかなわない。悪い評判が立つのもイヤだし，法律上は弱みもあるし，補修費を半分程度こちらでもつなどの対応はしてもいいが……。

▶3　法的助言提供の陥穽：ロールプレイの論点

　先に述べてきたように，法的助言機能については外部の弁護士や機関に委ね，対話の促進と当事者による合意形成支援のみに専念する英米のメディエーターの場合，法的知識の有無は問題とならない。法的知識を持たない一般のメディエーターはもちろん，法律家がメディエーターを務める場合でも，法的助言については手続内ではなく，外部で獲得することが当事者の自己責任として考えられている。自己の判断で合意をしたこと，すなわち，合意の実体的内容でなく，合意したという手続的要素こそが，その合意内容を正当化するのである。

　実際には英米でも，本件のように，一方が業者で一方が消費者であり，当事者間の法的知識に大きな差異がある場合には，メディエーターが手続公正を侵さない範囲で支援しようとすることはあるが，原則的な手続構成の考え方は，法的助言，介入は控えるというものである。

　この場合，合意内容が後から見て実体的に不公正なものであったとしても，法的助言を提供しないことをデフォルトにしている以上，その責任は当事者本人にあり，メディエーターに及ぶことはあまり考えられない。

　これに対し，わが国では，当事者も法的な後見，助言をADRに求めているし，ADR手続自体が「法的紛争解決のための手続」と謳っている以上，適切な法的助言を提供することは，公正な実体的解決を得るためにも必須の要素となる。もし，適切な法的助言を行わず，後から合意内容が法的に見て不公正なものであった場合には，その責任は，わが国のADRのもとでは，当事者自身でなく，調停人に及ぶことも考えられる。

　すなわち，合意の実体的公正さに責任を持つのは，英米では当事者とその合意であり，わが国では調停人と実体的規範ということになる。

　さて，本件のように住宅の瑕疵が問題となるケースでは，木造建築に関わる民法上の瑕疵担保責任とは別に，いわゆる品確法，「住宅の品質確保の促進等に関する法律（平成11年法律第81号）」（品確法）が住宅の基礎構造部分についての担保期間を10年と定めている。したがって，この法律に拠れば，本件では，交渉の余地なく建築会社側に補修の責任があることになる。

　ここで問題になるは，調停人が，この法律について知っているかどうかという点である。もし知らずに民法の規定のみを念頭に，合意形成した場合，実体的には消費者側に不利な合意となってしまうことも考えられる。こうした特別法の内容は，法科大学院の学生であっても知らない場合が多い。法実務家であ

っても，ありとあるすべての法律の内容に100%精通していることは想定できないだろう。上記のロールプレイでも，多くの参加者は，この品確法の規定を念頭に置かずに合意形成に関与したのではないだろうか。

　このように，結果としての合意内容が，実体的規範に抵触している場合，英米では当事者の自己責任とすることができるが，法的解決手続としてADRを捉え法的後見をその機能と考えているわが国のADRでは，当然ながら，この法知識の欠如による不公正な合意の形成の責任は，調停人にも及ぶことになる。

　この点で，わが国の調停人は，英米のメディエーターと比べ格段に重い責務を負っているといわざるを得ない。法知識の欠落は許されないのである。これが，代理人としての受任に至る事案や，法律相談案件であれば，時間的余裕もあり，不明な部分を感じれば，あらかじめ，あるいは途中ででもリサーチすることができる。しかしADR過程では，当事者の対話が迅速に進んでいくようなケースもある。じっくり不明な部分をリサーチするゆとりなどないのである。

　そのため，少しでも法知識に関し不明な点や問題を感じたら，その期日は，結論を出さずに，いったんセッションを終了し，調停人自身のリサーチの機会を持つことも必要である。英米のメディエーターにはない重い責務を負っている以上，こうした不明点に気づくセンスもわが国の調停人，とりわけ法律家調停人にとって重要な資質ということがいえよう。

　なお，品確法の知識があった場合はどう助言を提供するか，この点については，次のロールプレイのところであわせて解説する。

　➡　英米と異なり，わが国の調停人は合意の実体的内容にまで責任を負う。
　➡　それゆえ法知識の欠落は許されず，問題を看取するセンスが必要である。

§2—法的助言提供と公正   ロールプレイによる学習

▶1 ロールプレイ実施の手順

> 3名1組 90分

【1】 グループ分け（5分）

　まずグループ分けを行う。クラス全員が，3名1組で全員が参加し同時平行で進める方式と，代表の一組だけがロールプレイを実施し，他の受講者はそれを観察するという方式がありうるが，これについてはインストラクターの指示に従って進める。

【2】 役割配分（5分）

　グループが決まったら，グループ内で，役割を決める。本ロールプレイでは，相続事案・申立人（鳥谷孝），相続事案・被申立人（糸原健児），およびメディエーターの3者である。

【3】 準備の注意点（10分）

　自分の役割の情報について，熟読する。共通情報については，全参加者が見てもよい。書籍という性格上，すべての役割の情報が以降のページに続けて掲載されているが，秘密情報なども含まれるため，自分の担当する役割の情報のみ熟読し，他の役割の情報は一切見てはならない。メディエーター役はメディエーター役用の情報のみで，当事者に準備された情報は見てはならない。

【4】 ロールプレイの実施（45分）

　机など場所を準備，設定した上で，メディエーターから申立人に促す形でセッションを開始する。ロールプレイは45分程度実施する。状況によって，必ずしも，最終合意に至らず，中途でもよい。

【5】 グループ振り返り（10分）

　終了後，各グループごとにディスカッションを行う。まず，各役割に与えられた特別な情報，秘密情報などを開示し，その上で，メディエーターの関与について，当事者役として迷った点などを手がかりに，事由に評価・議論する。

【6】　全体フィードバック（15分）

　インストラクターの指導の下，複数で実施した場合は，各グループごとの結果や過程，問題点などを発表，共有し，全体で，その差異や問題点についてディスカッションする。また，代表チームのみが実施した場合は，インストラクターの指示のもと，観察者も交えて，結果，過程，メディエーターの関与の是非などをディスカッションする。いずれの方式で実施した場合でも，本テキストに記載の「振り返り論点」のページの内容を参考にするとよい。

【7】　その他の留意点

　ロールプレイであるため，現実にはやや考えにくい状況や誇張された内容が含まれている場合もあるが，教材として，その点は，ご海容願いたい。これらロールプレイは，主としては学生をその参加者として念頭においている。

▶2　役割別ロールプレイ資料

★資料　2−1　　　共通の情報：土地建物図面，遺言書

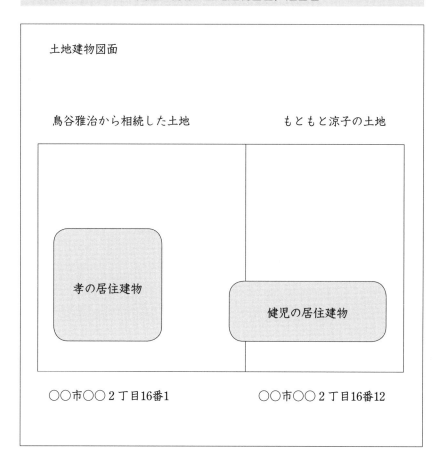

土地建物図面

鳥谷雅治から相続した土地　　　　　　　　もともと涼子の土地

孝の居住建物

健児の居住建物

○○市○○2丁目16番1　　　　　　　　○○市○○2丁目16番12

遺言書

私は下記の財産を甥である糸原健児に相続させる。
　1．土地
　　　所在　○○市○○2丁目
　　　地番　16番11
　　　地目　宅地
　　　地籍　200平方メートル
　2．土地
　　　所在　○○市○○2丁目
　　　地番　16番12
　　　地目　宅地
　　　地籍　150平方メートル
　3．建物
　　　所在　○○市○○2丁目
　　　家屋番号　16番11
　　　種類　居宅
　　　構造　木造瓦葺1階建
　　　床面積　115平方メートル
　3．建物
　　　所在　○○市○○2丁目
　　　家屋番号　16番12
　　　種類　居宅
　　　構造　木造瓦葺1階建
　　　床面積　100平方メートル

20○○年○月○日
○○市○○2丁目○○市○○2丁目　鳥谷涼子　（鳥谷）

（※ロールプレイ上の設定：本遺言書は名前も含めすべてワープロによる作成）

〔印は三文判〕

・申立人　鳥谷孝
　　19○○年生まれ　45歳　　職業：薬剤師
　　家族：妻　とも子43歳（専業主婦）　同居中　子どもなし

・被申立人　糸原健児
　　19○○年生まれ　33歳　　職業：大学事務　独身，結婚歴なし
　　昨年まで母京子と二人で暮らしてきたが，昨年母ががんで亡くなり，現在一人暮らし

・鳥谷孝は，妻であるとも子と継母である涼子ともに，現場図「孝の居宅建物」（もともとは孝の父雅治の土地建物）に住んでいた。その後，5年ほど前に，糸原健児は，自身の母京子とともに，現場図「健児の居住建物」に移り住んできた。涼子は，両方の建物とその敷地を所有している。
・糸原健児が3年前，現場図「健児の居住建物」を建て増ししたところ，その建て増し部分の一部が，涼子が鳥谷雅治から相続した土地側へはみ出した。
・糸原健児の母京子は，昨年，亡くなった。
・涼子は，最近，亡くなった。
・涼子が作成した遺言状がある。
・鳥谷孝は，糸原健児が同人の居住建物の自分の土地の側にはみ出している部分を撤去するのであれば，隣地分はすべて譲ってよいと考えている。

　私，鳥谷孝は，父鳥谷雅治と母，鳥谷かすみの間に生まれました。19○○年生まれで，現在45才，仕事は薬剤師として病院に勤務しています。家族は妻のとも子がおり，専業主婦をしています。子どもはいません。妻とは9年前に結婚しました。母かすみは，私が産まれてすぐに亡くなりました。その後，父雅治は，隣家の寡婦であった山田涼子さん（子供はいない）と再婚しました。つまり私の2番目の母ということになります。

　その10年後，父雅治も66才で亡くなりました。父雅治の遺産について，居住していた土地建物（計3500万円相当）と預金（1500万円）がありましたが，結局，後妻の涼子母の強い意向もあり土地建物の所有権は涼子母が相続することになり移転登記というのをしました。預金1500万円は私が相続をしました。涼子母は，父との結婚前に住んでいた自分名義の隣地と，もともと父雅治名義であった我々の土地建物を両方の所有者となりました。その後，涼子母は，5年ほど前，隣地の空いた家（父との結婚前に住んでいた元の家）に，妹さん（糸原京子，寡婦）とその息子（＝今回の相手方の糸原健児さん）を呼び寄せ，住まわせるようになりました。私は，もともとそこが涼子母の再婚前からの所有土地建物だったこともあり，特に何も言わず黙認しました。4年前には，その隣家を建て増ししたのですが，その建て増し部分が30センチほど，父雅治の土地であった私の土地側にはみ出しています。できた後に気が付きましたが，揉めるのもいやなので，そのままにしていました。なお，この涼子母の妹京子さんは昨年亡くなり，息子の健児一人が住んでいます。

　涼子母は，ずっと私と一緒に，とも子と結婚してからは3人で父の土地建物で生活し，身体の弱った涼子母の介護は，主にとも子が苦労して行っていました。私も仕事と両立させながら介護を手伝っていました。私が父から相続した預金も，涼子母の介護費用としてほとんど使い切ってしまいました。

　そして，今年，1ヶ月前，涼子母も亡くなりました。私は当然，涼子母の財産をすべて相続することになるわけですが，隣地部分には，涼子母の妹の子，糸原健児さんが居住しています。私としては，隣地はもともと涼子母のものであったわけだし，隣地まで相続で奪って，健

児さんを追い出そうとは思っていません。そこは譲ってもいいのです。

　ただし，条件があります。私の側の土地（父のものだった土地）の側にはみ出している部分を撤去してほしいのです。糸原さんは，その部分で犬も飼っていて，とも子が犬嫌いなので，それも問題です。こちらは，隣地分をすべて譲ってもいいと思っているのですから，それぐらいは当然です。なんなら，すべて私が相続してもいいのです。健児さんは，自分の伯母である涼子母の介護など一切手伝ってもくれなかったんです。

　ところが，健児さんが，突然，私に対し「涼子伯母の遺言状がある，すべての土地を私が相続することになっている」と言ってきたのです。そのような話は聞いていないし，遺言も怪しいものだと思います。そこで，あわてて，このセンターに申立てしたわけです。図々しいにもほどがあります。私の正当な権利を実現して欲しいのです。とも子も懸命に涼子母を介護してきたのに，健児さんの主張を聞いて怒っています。今日はとも子もセンターに来たかったのですが，健児と会う可能性があると知って，来れませんでした。とも子の悔しい思いも酌んでほしいと思います。

【注意事項】　あなたは法律の知識がありません。父雅治が涼子母と結婚した際，アナタと涼子母は養子縁組をしていません。法律の知識がない以上，まったく意識しておらず，この点は，一切，自分から話す必要はありません。

　私は糸原健児といいます。33歳独身で大学の事務をして働いています。

　私の伯母涼子は，もと山田さんという方と結婚していたと聴いていますが，子どももおらず，山田さんが早くに亡くなったため，その後，隣家に住んでいて，同じく奥さんを亡くした鳥谷雅治さんと結婚したそうです。

　涼子伯母と結婚したとき，鳥谷雅治さんには孝さんという息子がいました（今回の申立人です）。15年ほど前にその鳥谷雅治さんも亡くなったそうです。その際，鳥谷雅治さん名義の土地建物を伯母の涼子が相続しました。その結果，伯母の涼子は，もとの自分の土地と合わせて雅治さんのものだった土地も所有することになりました（移転登記というのをしたそうです）。息子の孝さんは，1500万円の預金を相続したそうです。涼子伯母は，そのまま，孝さんと一緒に，鳥谷雅治さんのものだった土地建物に住み続けていました。その後，孝さんはとも子さんという女性と結婚しますが，涼子伯母と3人で同居を続けたようです。

　ここまでは私が伯母涼子から聞いた話です。実は，それまでは私と涼子伯母の妹である私の母京子は隣の市で暮らしていたのですが，5年ほど前に，涼子伯母が体力も弱ってきたし，もと住んでいた隣地の建物も空いているので私たちに引っ越してこないかと誘ってくれました。どうも，孝さんととも子さんが冷たく，あまり面倒を見てくれないし，さびしかったようです。そこで，私と母京子は現在のところ（鳥谷雅治さんとの結婚前，涼子伯母が住んでいたところ）に引っ越しました。3年前に老朽化していたのと，あいちゃんという子犬を飼いはじめて，その飼育場所も必要だったので，建て増しをしました。その建て増し部分の一部が，もと鳥谷雅治さんの土地側にはみ出していると，孝さんから何回か言われていますが，そもそも伯母の涼子の土地なのだし，何の問題ないと思っています。

　その後昨年，私の母，京子も，昨年がんのため亡くなりました。そして不幸は続くもので，今年，私の母京子がなくなって1年で，伯母の涼子も亡くなりました。実は亡くなる前に，伯母涼子は私に財産を全部譲るという遺言状を書いてくれました。これです。手がしびれてきれいに

字が書けないということで，指一本で，ワープロできれいに打ってくれたのです。印鑑もちゃんと押してあります。

　つまり，遺言通り，すべての土地建物は，私のものになるわけですから，はみ出しているも何も，孝さんには，言い分などあるはずがないのです。だいたい，伯母の介護も親身にせずに，よく伯母の土地の相続とか言えると思います。私もかなり面倒を見てきたのですよ。

　まぁ，孝さんととも子さんが，あの建物に住み続けることくらいは，黙認できるとしても，土地建物が私のものになることは，遺言があるので明らかですから，これは譲れません。早く登記してしまいたいです。権利を守ってほしいのです。

【注意事項】　　あなたは法律の知識がありません。したがって，このワープロ遺言状に絶対の効力があると信じています。また，仕事もあり，伯母涼子の介護にはほとんど協力したとはいえません。

▶3　法的助言提供と公正：ロールプレイの論点

　本事案でも先の事案と同様，法的知識がある場合に，法的助言をどのように当事者に提供するかが問題となる。先の事例では品確法の規定について，本事例では，遺言書の効力や養子縁組の有無の法的効果などをどう伝えるべきかの問題である。繰り返すが，英米のメディエーションでは，法的助言はメディエーターの役割でないため問題は生じない。しかし，ADRを法的紛争解決のための手続とするわが国の状況では，調停人は，これらの法的情報を提供しないわけに行かず，そこで提供の仕方が問題となってくるのである。もし本事案で，調停人が法的助言を一切なさずに，遺言書の効力についての誤った認識や，養子縁組の法的効果をまったく看過したまま，合意が形成されるとしたら，合意が成立したとしても，あとで当事者がそれに気づいたとき，問題が再燃することは明らかである。その場合，調停人の関与（法的助言の不開示）にも問題があったとされる可能性が高い。では，どうすればいいか。

　ひとつのシンプルな対応は，何も考えず，当事者に法的助言をそのまま配慮なく開示することである。かつての調停では，そうした関与がはらむ問題，すなわち手続公正の維持という問題につき，一顧だにしないやり方が採られることもあったかもしれない。しかし，法的知識や専門的知識を動員して解決するという，わが国のADR概念を前提したとしても，なお，その過程での手続公正への配慮は必要なはずである。当事者の自律性をできるだけ損なわず，手続公正を極力維持しながら，なお実体的合意内容の公正さを担保する法的助言提供の方法は，どう考えればいいのだろうか。いくつかの実践的方法を順次検討してみよう。

【1】　法的助言提供についての当事者の同意の獲得

　両当事者から，法的論点につき上限を開示することについて同意を得る方法である。この場合，当事者の同意が根拠となって，法的助言提供の手続面での問題はクリアされるように見える。英米では一方がそれを求め，他方がそれに同意すれば，法律家メディエーターによる法的助言提供は許される。これと同様，当事者からの申出が手がかりとなる場合はよいが，それがなされない場合には，やはり問題が残る。本事案で遺言書の効力については対立もあり，当事者から法的助言の要請があるかもしれない。この場合は同意が取れれば大丈夫である。しかし，養子縁組については，双方の当事者とも知識がなく，当事者から申出は出てこないかもしれない。この場合，法的助言が必要と調停人サイ

ドが考え，自ら申し出なければならず，その時点で，厳密には手続公正との抵触の可能性がある。法的助言が不利に作用する側の当事者は，提供を申し出た調停人に対し，いくら同意したとしても，不公正感を抱く可能性がある。

【2】　外部での助言の獲得への示唆

いまひとつは，これも英米で採用される場合がある方法であるが，法的助言について，当事者に対し，どこか外部での相談を行うよう示唆する方法である。「一度，法律相談を受けられてはどうですか？」，あるいはより婉曲に「本件について法律相談を受けたことがありますか？」といった表現で，当事者の外部での相談行動を促す形である。しかし，これにも問題がある。第一に，法的助言へのアクセスが格段に容易なアメリカのような国と異なり，わが国では，外部での相談という行動を示唆することには限界がある。第二に，わが国ADRでは，法的助言の提供は利用者も期待し，法もそれを期待している。そうした制度の下では，当該ADR機関内部に法律相談機能を備えている場合はともかく，そうでなければ外部を利用せよと示唆することは，やはり無理がある。第三に，上述のような婉曲な表現であって，相談行動を示唆すること自体が，やはり厳密には手続公正に抵触している可能性が高い。相手方は少なくともそのように感じる可能性が高い。

【3】　コーカスの活用

いまひとつの方法は，当事者間の有利不利を明確にしてしまう同席のもとでの助言・開示を避け，コーカスをはさんで，法的助言を行う形である。いわば前置されるべき法律相談機能を，コーカスの中で擬似的に作用させるともいえる方式である。少なくとも，両当事者対面の下での開示より与える影響はやわらかく制御できる。この場合，利益を得る側でなく，利益を失う側に特に慎重に開示する必要があろう。

【4】　すでに保持している情報の開示

メディエーターに禁じられているのは，当事者が保持していない新たな法的助言を提供することである。なぜなら，それは自立的対話過程に当事者に由来しない情報や視点を導入することになるからである。このことは，逆に見れば，すでに当事者が保有している情報につき，調停人側から述べても問題ではないことを意味する。先に行った，建築工事の瑕疵をめぐる紛争を思い出してほしい。このケースでは一方は建築会社である。建築を業とする会社が，品確法の存在を知らないはずはない。そもそも他方の消費者との間には大きな情報格差

があり，事故に不利となる情報（品確法）を知っていながら秘匿しておくこと自体，公正な対応とはいえない。このような場合，品確法について調停人から，それを開示し，たとえば業者に対し，「品確法はご存知と思いますが，この点についてはどうお考えですか？」といった問いを投げてみることには問題がないと思われる。他方の情報を持たない当事者（消費者）が不公正感を抱く懸念もない。より慎重を期すなら，コーカスを実施し，業者側に自分から開示することを促すなどの方策もあり得る。

【5】 初期段階での法情報開示

　開始直後の早い段階で，事案に関係する法律情報を「一般的に提供すること」につき同意を得て，この段階で法情報を開示してしまうやり方である。これは法的助言というより，一般的情報として提供することを意味し，個々の事案の実質的な中身について法的評価を行うことではない。当事者が，その情報を自身の置かれた状況にあてはめることが可能なら，事実上，法的助言を提供したのと同じ効果があり，かつ手続公正に抵触しない（一般的法情報開示のみゆえ）といえる。本事案では，手続の初期段階で，同意を得た上で，相続に関する一般的法情報として，有効な遺言書の条件を説明したり，養子縁組と相続権について説明したりという形である。

　以上，いずれが常に適切かという決まった解答はないが，わが国の調停人は，手続公正に抵触しない形での法的助言の提供という，英米のメディエーターには課されていない重い責任を負っていることを自覚し，慎重に助言提供を行うようにしていく必要がある。

➡　法的助言がしばしば手続公正を損なうリスクについての理解。
➡　手続的公正に配慮した法的助言提供のあり方。

§*3* ── コーカス（別席聴取）の陥穽　　ロールプレイによる学習

▶*1* 　ロールプレイ実施の手順

> 3名1組　90分

【1】　グループ分け（5分）

　まずグループ分けを行う。クラス全員が，3名1組で全員が参加し同時平行で進める方式と，代表の一組だけがロールプレイを実施し，他の受講者はそれを観察するという方式がありうるが，これについてはインストラクターの指示に従って進める。

【2】　役割配分（5分）

　グループが決まったら，グループ内で，役割を決める。本ロールプレイは離婚事案のため性別に配慮が必要。妻・申立人(藤川俊子)，夫・被申立人(藤川久治)，およびメディエーターの3者である。

【3】　準備の注意点（10分）

　自分の役割の情報について，熟読する。書籍という性格上，すべての役割の情報が以降のページに続けて掲載されているが，秘密情報なども含まれるため，自分の担当する役割の情報のみ熟読し，他の役割の情報は一切見てはならない。メディエーター役はメディエーター役用の情報のみで，当事者に準備された情報は見てはならない。

【4】　ロールプレイの実施（45分）

　机など場所を準備，設定した上で，メディエーターから申立人に促すかたちでセッションを開始する。ロールプレイは45分程度実施する。状況によって，必ずしも，最終合意に至らず，中途でもよい。なお，本ロールプレイでは，調停人は，必ず，1回途中でコーカスを入れなければならない。

【5】　グループ振り返り（10分）

　終了後，各グループごとにディスカッションを行う。まず，各役割に与えられた特別な情報，秘密情報などを開示し，その上で，メディエーターの関与について，当事者役として迷った点などを手がかりに，事由に評価・議論する。

【6】 全体フィードバック（15分）

　インストラクターの指導の下，複数で実施した場合は，各グループごとの結果や過程，問題点などを発表，共有し，全体で，その差異や問題点についてディスカッションする。また，代表チームのみが実施した場合は，インストラクターの指示のもと，観察者も交えて，結果，過程，メディエーターの関与の是非などをディスカッションする。いずれの方式で実施した場合でも，本テキストに記載の「振り返り論点」のページの内容を参考にするとよい。

【7】 その他の留意点

　ロールプレイであるため，現実にはやや考えにくい状況や誇張された内容が含まれている場合もあるが，教材として，その点は，ご海容願いたい。これらロールプレイは，主としては学生をその参加者として念頭においている。

▶2 役割別ロールプレイ資料

★資料　3−1　　調停人用情報

申立人・妻の藤川俊子　被申立人・夫の藤川久治

10歳の子どもが一人いる。

財産は，土地建物（自宅）と，預金，自動車・

離婚の意思は双方一致しており，財産分割，親権，面接交渉が争点

　途中で1回，必ずコーカスを入れること。

　俊子さんと久治氏は，〇〇年に結婚，久治はテレビ局の記者で，不規則な生活ながら収入は高く，また俊子も出版社勤務（収入は夫の6割程度）で，二人合わせるとかなりの収入があったことから，結婚翌年には小さいながらもマイホーム（夫名義）を購入した。その年に長男が産まれ（現在8歳），あとは愛犬のあいちゃんがいる。また家事・育児は，主として俊子さんが担当してきた。

　ところが，2年ほど前，俊子さんが病気となり，出版社を辞めざるを得ず，また家事さえもできなくなった。そこで，一人で近くのアパートを借りて暮らしていた俊子さんの母が同居して家事を担当することとなった。この状態がずっと続いてきたが，妻が病気なのに，仕事で家を空けることが多い夫に俊子の母は不満で，また久治も俊子の母の干渉を嫌い，夫婦仲も冷めてきてしまった。なお，俊子は現在では，通常の勤務は困難だが，出版社時代の紙面レイアウトなど，自宅でできる作業程度なら，できるまでに回復してきている。

　今年に入り，双方とも，このまま婚姻生活を持続する気持ちを持っていないことを確認し，離婚をすることとなったが，財産分与や親権の問題で折り合わず，ADRで話し合うこととなった。なお，不動産のローン（夫名義）はあと300万残っている。不動産の評価額は2000万。貯金が300万あり，このほか自動車（100万）がある。現在の夫の年収は，1500万。

【俊子の想い】

　とにかく，夫がこんなに冷たい人だとは思わなかった。一緒に頑張ってきたが，今思えば一緒に過ごす時間も少なかったし，家事・育児にもまったく協力してくれなかった。特に病気になってからは，優しい対応もしてもらえず，仕事優先で，苦しい思いをした。子どもにもまったくかまってくれない。そのうえ，母と折り合いが悪く，激しく口論するようなこともあった。何としても親権は欲しい。私は今は病気していて普通に働くことはできないが，次第に回復もしており自宅でできる軽作業なら可能だ。離婚の気持ちを固めてから相談したら，出版社時代の上司や友人も仕事を回してくれると言っている。また。母の年金があるし，母が何とか助けてくれると言っている。なんとしてもこどもの親権は譲れない。下記の事情もあるので経済的に困ること

はない。それに子供の通う学校もあるし，お友達も近いし，この家に
住み続けたい。養育費ももちろん，ないとやっていけないだろう。

〈あなたには次のような事情がありますがメディエーターにも一切話してはいけ
ません。〉
　実は，病気になった直後から気にかけてくれている職場の元上司と恋愛関係に
ある。彼は奥さんと死別し独身。離婚成立後，結婚する約束をしている。実は離
婚を望む大きな理由でもある。またこつこつ貯めたへそくりも1000万ほどある。
いざとなれば，今の家を夫にとられても，住むのには困ることはない。だから最
悪の場合はそうなってもいいから，親権だけは絶対に欲しい。

　俊子さんと久治氏は，○○年に結婚，久治はテレビ局の記者で，不規則な生活ながら収入は高く，また俊子も出版社勤務（収入は夫の6割程度）で，二人合わせるとかなりの収入があったことから，結婚翌年には小さいながらもマイホーム（夫名義）を購入した。その年に長男が産まれ（現在8歳），あとは愛犬のあいちゃんがいる。また家事・育児は，主として俊子さんが担当してきた。

　ところが，2年ほど前，俊子さんが病気となり，出版社を辞めざるを得ず，また家事さえもできなくなった。そこで，一人で近くのアパートを借りて暮らしていた俊子さんの母が同居して家事を担当することとなった。この状態がずっと続いてきたが，妻が病気なのに，仕事で家を空けることが多い夫に俊子の母は不満で，また久治も俊子の母の干渉を嫌い，夫婦仲も冷めてきてしまった。なお，俊子は現在では，通常の勤務は困難だが，出版社時代の紙面レイアウトなど，自宅でできる作業程度なら，できるまでに回復してきている。

　今年に入り，双方とも，このまま婚姻生活を持続する気持ちを持っていないことを確認し，離婚をすることとなったが，財産分与や親権の問題で折り合わず，ADRで話し合うこととなった。なお，不動産のローン（夫名義）はあと300万残っている。不動産の評価額は2000万。貯金が300万あり，このほか自動車（100万）がある。現在の夫の年収は，1500万。

【久治の想い】

　とにかく，妻がこんなにわからずやだとは思わなかった。一緒に頑張ってきたが，今思えば，互いに忙しく，一緒に過ごす時間も少なかったと思う。特に私は仕事柄夜討ち朝駆けで多忙を極めてきた。家事・育児も一緒にしたいと思う方だが，忙しくてそれもかなわなかった。妻が病気になってからは，ローンもあるし，家族を守るためと思って，以前にも増して，一生懸命に働いてきた。ちょうど，仕事の責任も増して，今後出世できるかどうか，大事な時期に入ってきていたこともあって，十分対応してやれなかったがそれも家族を思ってのことだ。そこへ，俊子の母が転がり込んできて，俊子と二人なら分かり合えたはずなのに，間に入ってガミガミ言うものだから，こちらもいらいら

することが多かった。家族を思って働いている気持ちがわからないのか。ギャンブルも飲酒もせず真面目に働いてきたのに。そして突然,離婚したいと。こちらも,そこまで言うのなら,もうおしまいだと思った。ところが,親権はくれ,家土地はよこせ,養育費は出せで,なんの落ち度もないのに,了承できるはずがない。親権は妻が元気で収入もあるのなら渡してもいいが,彼女は十分働けないはず。収入のある私でないと育てられない。実家は無理だが,保育所もあるしベビーシッターを雇ってもいい。

〈コーカスになったら次の事情を話す〉
　実は,収入が比較的よかったこともあって,投資用にマンションを所有している。評価額は1000万くらい。実は妻が病気になってからつき合っている女性がいて,離婚後は彼女と生活することになるだろうし,子どもも可愛がるといってくれているので育てられる。親権を得ても問題ない。本来なら身軽になれるし親権は譲ってもいいのだが……。生活力が今の妻にはないので無理。そのことをわかってもらいたくて,メディエーターさんにあえて話した。いざとなれば,自宅は妻に渡して,このマンションで彼女と生活も可。できるだけ有利に話を進めたいので,このことは絶対に内緒にしておいて欲しい。

▶*3 コーカス（別席聴取）の陥穽：ロールプレイの論点

　わが国のADRは，ほとんどがコーカス（Caucus：別席聴取）の形で進行し，当事者が対席して話し合うという，英米では当たり前の光景はあまり見ることがない。こうした別席型の調停は，当事者の自主的解決の獲得を重視するのではなく，調停人という第三者の評価・判断と解決案提示を行うには適した方式といえる。なぜなら，調停人による合意案構成が重要な目標であり，そのためには感情的になりがちで合意形成が難しい同席対話ではなく，調停人と一方当事者の対話に終始したほうが，冷静に事案の分析や評価が可能だからである。しかし，そこには，しばしばリスクが潜んでいる。

　別席型の利点として，よく挙げられるのは，①感情的な対立のエスカレーションを防ぐことができること，②相手方のいる前では話せない深い情報を得ることができること，などであるが，この利点は，裏を返せば，欠点でもあるといわざるを得ない。

　まず，別席によって感情的対立を防ぐことができるというのは，調停機関の場だけでの話であって，自分の目のないところで，相手方は調停人に何を話しているのだろうと，当事者はいっそう疑心暗鬼になり，当事者間の社会的葛藤は，より強化されてしまう可能性がある。調停の場でこそ，当事者間の関係的・感情的対立を解消できるチャンスがあるが，別席では，みすみすそれを放棄しているに等しい。英米では，まさに当事者の感情的対立から始まって，激しい対話をメディエーターが制御しながら，より深い関係再構築と社会的に意義のある合意を生み出そうと試みているのである。感情的エスカレーションの防止というのは，言ってみれば，そうした可能性を放棄すること，それを実現するスキルが欠如していることと同義であるといってよい。

　もっとも，ドメスティック・バイオレンスやハラスメントなどが関わる場合に別席が有効であることも否定できない。先に述べたように，柔軟な組み合わせが，より機能的なADR運用を生み出すといってよい。

　さらに，「相手がいないところでより深い情報が得られる」という主張に潜むリスクが，今回のロールプレイのポイントである。裁判の証人尋問であれば，相互の尋問の中でその発言の真実性が浮かび上がってくる。また主張の応酬も，相互に主張の差異と争点を浮かび上がらせていく。しかし，調停において別席での聴取が行われる場合，そこでの当事者の発言は，相手方のチェックを受けることがない。それゆえ，別席で得られる情報の精度には大きな問題があると

いうべきである。第一に，虚偽が含まれている可能性も否定できない。第二に，虚偽ではなくとも紛争当事者は相手の行動やその意図について，自分の視点から見た解釈を有しており，しかも多くの場合，本人はそう思っていなくとも，かなりの誤解や誇張を内包していることが多い。別席では，それが正されることもなく，そのまま，調停人の評価形成の基盤となってしまう。第三に，すべての情報を当事者が語るとは限らないという点である。

　本事案では，夫側は，親権を得たいために隠れた不利な情報をあえて調停人に話すが，実は妻のほうも同様の状況を抱えながら，調停人にも一切，話さない。調停人役の参加者は，この夫から得た情報をどう扱ったか，振り返ってみてほしい。妻側が不利で気の毒であるといった判断を合意の内容に反映させようと務めた人もいると思う。また，当事者同士の場に出ない情報は，一切無視して聴かなかったことにして進めた人もいるだろう。妻側の隠された情報を得ていたら，結果は少しでも変わっていただろうか。

　別席型を堅持する場合には，それはとりもなおさず，相手方との対話の場で出たか否かを問わず，すべての情報を合意案に反映させる可能性が高く，それゆえ，こうしたリスクからは逃れ得ない点に注意しておく必要がある。

　しかし，別席の活用は，同席により自律的対話を促進するために有効な場合も多い。第一に，感情的対立が過剰に激しい場合（医療事故後の対話など），まずコーカスで，じっくり受け止めるようなセッションは有効である。この場合，合意のための情報収集以上に，当事者の感情を受け止めることで鎮めることに意義がある。第二に，話合いが行き詰まったときに，その雰囲気を変えるためにコーカスを活用する場合である。第三に，あと少しまで来ていながら面子その他で合意への最後の一歩が踏み出せない場合，こうした場合もコーカスでそれぞれの意図や最後の解決へ向けての案など聞いてみるのも有益である。

　これは英米でも活用される方法であるが，そこではコーカスが，判断のための情報収集手段でなく，自律的解決を促す手段として活用されているといえる。

- ➡ コーカスの利点と欠点
- ➡ 有効なコーカスの活用方法

§**4** ― 相談前置の意義　　ロールプレイによる学習

▶*1*　ロールプレイ実施の手順

> 5名1組　120分

【1】　グループ分け（5分）

　まずグループ分けを行う。クラス全員が，5名1組で全員が参加し同時平行で進める方式と，代表の一組だけがロールプレイを実施し，他の受講者はそれを観察するという方式がありうるが，これについてはインストラクターの指示に従って進める。

【2】　役割配分（5分）

　グループが決まったら，グループ内で，役割を決める。本ロールプレイでは，土地所有関連事案・申立人（原口弘），土地所有関連事案・被申立人（梅野良太郎），調停機関での事前相談役弁護士2名およびメディエーターの5役である。

【3】　準備の注意点（10分）

　自分の役割の情報について，熟読する。共通情報については，全参加者が見てもよい。書籍という性格上，すべての役割の情報が以降のページに続けて掲載されているが，秘密情報なども含まれるため，自分の担当する役割の情報のみ熟読し，他の役割の情報は一切見てはならない。メディエーター役はメディエーター役用の情報のみで，当事者に準備された情報は見てはならない。

【4】　ロールプレイの実施（45分）

　本ロールプレイは二部構成で行う。

　①　相談セッション30分

　　申立人，被申立人それぞれに対し，ADR機関の相談担当者役2名が，それぞれ相談に応じる。この時点で，必要な法的助言などを行ってよい。

　②　調停セッション45分

　　相談終了後，当事者役が同意すれば，調停セッションに移る。その際，相談担当者役は同席しない。

【5】　グループ振り返り（10分）

　終了後，各グループごとにディスカッションを行う。まず，各役割に与えら

れた特別な情報，秘密情報などを開示し，その上で，メディエーターの関与について，当事者役として迷った点などを手がかりに，事由に評価・議論する。

【6】 **全体フィードバック**（15分）

　インストラクターの指導の下，複数で実施した場合は，各グループごとの結果や過程，問題点などを発表，共有し，全体で，その差異や問題点についてディスカッションする。また，代表チームのみが実施した場合は，インストラクターの指示のもと，観察者も交えて，相談の効果，課題，調停の結果，過程，メディエーターの関与の是非などをディスカッションする。いずれの方式で実施した場合でも，本テキストに記載の「振り返り論点」のページの内容を参考にするとよい。

【7】 **その他の留意点**

　ロールプレイであるため，現実にはやや考えにくい状況や誇張された内容が含まれている場合もあるが，教材として，その点は，ご海容願いたい。これらロールプレイは，主としては学生をその参加者として念頭においている。

- 当事者は，申立人原口弘と被申立人梅野良太郎
- 梅野氏は，現場図の梅野氏宅部分にある建物に居住している。
- 原口氏は，現場図の原口氏宅部分にある建物に居住している。
- 矢野氏空地は，以前から空地の状態である（100坪）。
- このあたりの土地は，1坪5万円程度。
- 梅野氏宅の東側には，梅野氏が管理する菜園とガレージがある。
- 梅野氏は，毎朝，矢野氏空地の雑草取りをしている。
- 原口氏は，矢野氏空地を買い取ることになり，矢野氏空地の登記簿を調べたところ，梅野氏の菜園とガレージは，矢野氏空地にはみ出ていることが判明した。

現場図

梅野氏宅		矢野氏空地	原口氏宅

　私は，X町1番地3に住む原口弘といいます。会社員で，60歳です。妻と，高齢の母，それと娘と同居しています。このたび，娘が結婚することになり，いま住んでいる家も手狭ですし，私の家の隣にある空き地（100坪）を購入することにしました。この空き地は，矢野さんのもので先代のおじいさんが30年ほど前になくなってからは，ずっと空き地になっています。息子さんは東京に出ていて不在で，帰ってこられたことはありません。今回，土地を買いたいと思いましたので，知人のつてを辿ってようやく東京にいる息子さんと連絡が取れたのです。この土地のことはすっかり忘れておられたようで，田舎のことで価格も坪5万円ですし，気持ちよく売って下さるとの返事を頂きました。

　それで登記簿を調べてみたのですが，どうも空き地の向こう側の梅野さんのところのガレージと菜園が，矢野さんの土地にはみ出していることがわかりました。ガレージの横に，あいちゃんとかいう犬をいつもつないでいて，この犬もうるさいのです。

　つまり，梅野さんは，矢野さんがいないのをいいことに，不法占拠（ですよね？）していたらしいのです。矢野さんにこのことを話したら，自分は関わる気はないから，そちらで話をつけてください，とのことでした。

　だいたい梅野さんという人は，頼まれもしないのに，矢野さんの土地に入り込んでくるんです。いつも犬を連れて雑草取りをしているようですが，この空き地と私の家が接しているので，気持ちのいいものではありません。毎朝，私の家の窓の下までやってきて，物音もするのです。犬も走らせたりしています。実は，私の母は高齢で寝たきりですし，妻も病弱で長く療養生活を送っています。雑草取りなど，私も出来ればいいのですが，母の介護や病弱な妻に代わっての家事，娘の世話など，仕事の傍らずっと頑張ってきて，そんな余裕もなかったのです。とはいえ，毎朝，早朝に母の寝ている部屋のすぐ向こうでごそごそされて，母も気に障っています。近所のことだし，これまではずっと黙っていたのですが……。

　しかし，今回この土地を買い取ることになって，ようやく解決したと思いました。梅野さんは不法占拠しているのだから，その土地を明け渡すのは当然です。今までのこともあるし，ここは登記簿通りにすっきり

させたい，そう思っています。

　それで，その旨を伝えに行ったのですが「この土地は自分のものだと思ってる。なんであんたにどけると言われなければならない」とまったく話になりません。お金の準備が整う3週間後には決済して所有権移転登記をする予定です。ただ，その後もごねられては困るので，当センターで，納得して，土地をあけてもらうよう話し合おうと今回，相談にあがったような次第です。

　なお，矢野さんは，もめごとには関わりたくないから，そちらで話をつけてくれたら，どんな風にでも対応すると言っています。

【注意事項】　あなたは，取得時効その他，法的知識はない設定です。ADR機関が，取得時効についての情報を提供すると，問題は一気に複雑になりそうです。ADR機関が情報を提供するかどうかはわかりませんが，この原口氏の視点に立ってロールプレイしてください。

　私は，X町1番地1に，親の代から住んでいます。梅野良太郎とい
います。58歳です。2階建ての築38年の家で，東側には約10坪ほどの
土地に菜園とガレージがあります。ガレージの隅に犬小屋を設置して，
あいちゃんというおとなしい犬を飼っています。もう，親の代からで
すから，30年以上，今の形で住んでいます。ガレージの向こうは長い
間ずっと空き地です。昔は矢野さんというおじいさんが小さな家で住
んでいましたが，今は亡くなって誰もいません。息子さんがいましたが，
長いこと見たことはありません。空き地の雑草取りなどは，全部私が
してきました。善意で毎日，朝起きてすぐ私と犬の運動もかねて，日
課としてやってきたのです。町内の美化のためにも私はこれまでもい
ろいろと尽くしてきているのです。
　最近になって，この空き地の向こう側に住んでいる原口さん（60歳）
が，この空き地を買い取ることになった，登記簿を調べたら，うちの
ガレージと菜園のところ10坪が，はみ出しているからどけて欲しいと
言ってきました。原口さんという人は，地域の行事にも協力せず，人
付き合いもあまりありません。空き地の雑草取りなどにも協力しても
らったことがありません。確かに原口さんの持ってきた書類をみると，
この10坪の土地の場所は，矢野さんの土地として登記されているよう
です。生まれてこの方，私はそこをガレージにして，菜園を管理して，
自分の土地だと思ってきたので驚いています。先代が購入したか何か
したのではないかと思いますが，証拠も何もありません。でも，こん
なに長い間使ってきたのだから自分の土地といってもいいと思うんで
す。矢野さんは一度も来ることすらなかったんですから。
　矢野さんから言われるなら，まだしも，空き地の管理に何の協力も
しなかった自分勝手な原口さんから言われるなんて，頭に来ています。
原口さんだって，このガレージと菜園の土地は，私の土地だと思って
いたに違いありません。この10坪の土地をなんとか，自分で使うこと
は出来ないんでしょうか。空き地と合わせれば全部で100坪になります。
このあたりは田舎なので，1坪5万円くらいのものなのですが……。
　お金には困っていません。原口さんの勝手なやり方，最初になんの
相談もなく，いきなり，「あんたの土地じゃない，どけろ」などという
言いぐさには腹が立ちますし，よくはわかりませんが，法律で何とか
できることなら，出るとことに出てもいいと思っています。何か法律
的な手段や方法がないのでしょうか？

【注意事項】　あなたは，取得時効その他，法的知識はない設定です。ADR機関が，取得時効についての情報を提供すると，いろんな可能性が開けて来そうです。ADR機関が情報を提供するかどうかはわかりませんが，法律をまったく知らない梅野さんの視点に立ってロールプレイしてください。

▶3　相談前置の意義：ロールプレイの論点

　わが国では，多くのADRが相談機能を備えており，まずは相談から，ADR利用へという流れが一般的であるといえる。英米では切断されていることが多い，相談という党派的活動と，調停という中立的活動が，ひとつの機関の中に存在しているということである。

　このことは，利用者の多くが法的助言や後見を期待している現状から見て，また可能な限り，調停過程での調停人の中立性を維持するために，有効な仕組みであるということもできる。利用者は，まず相談段階で，法的助言を受けて，一定の法的理解，問題の把握を行った後に調停手続に入るため，法的助言をめぐる調停人のジレンマは，かなりの程度解消されるからである。

　ただし，この場合も，相談機能をめぐっての手続公正を考慮しておく必要がある。第一に，ひとりの相談担当者が，申立人，被申立人の双方の相談を担当する場合，利益相反の問題を引き起こす場合がある。また，相談担当者が，そのまま調停人として事案を担当するとなれば，党派的対応と中立的対応の混乱が生じ，やはり手続的に不正とならざるを得ない。

　この点は文化の相違が背景に存在する。法人類学研究によれば，アジア，アフリカの多くの社会で見られるのは，事情を詳しく知っている調停人こそ，よりよい調停を行えるという考え方である。これに対し，西洋文化では，事情に関わっていない調停人だからこそ，中立的なかかわりが可能であり適しているという考え方が一般的である。この文化的差異は，これまでも指摘してきた，第三者（調停人）による評価・判断，合意案形成およびその実体的正義に主眼をおく考え方と，当事者の自律を重視し手続公正の担保を第一と考える考え方との相違に反映している。わが国のADR観は，やはり前者の伝統に根ざしているが，現代では，後者の手続公正の維持が必要な要件となってきているといえよう。

　それゆえ，相談前置の場合の相談は，本事案で設定したように，各当事者に対し別の相談担当者が相談助言を行い，さらに別の調停人が限られた情報を得た上で手続を進行していくような形が理想的であるといえる。もっともADRの運営には，当然ながらコストも必要であり，こうした潤沢な人材利用ができる期間ばかりではないという実際的課題も存在している。

　さて，では，このもっとも手続的に整備された機関で相談が行われる場合の課題はないのだろうか。本事案では，この形態で，各当事者に対し別の相談担

当者が，まず，相談を行うセッションから開始した。十分な法的知識を持つ相談担当者であれば，どのような助言をおこなうだろう。

　まず，原口氏側については，現時点では土地購入の決済も済んでいない。また事情を聴けば相手方の梅野氏の側に取得時効が成立している可能性が強いとの判断ができる。ただし，取得時効については，梅野氏は矢野氏に対して主張することは可能であるが，それはまだなされていないようである。そうだとすれば，迅速に決済を済ませて，登記を矢野氏から自分に移してしまうことで，梅野氏の主張に対抗することができるだろう。そうだとすれば，原口氏への適切な助言は，即座に決済し，移転登記を済ませてしまうべきということになる。

　他方，梅野氏側については，取得時効が成立している可能性が高いことがわかるが，矢野氏に対してこれを受容し対応してもらうには一定の時間と手間がかかることが予想される。また，その間に原口氏が土地を購入し登記してしまえば，原口氏に取得時効を主張することも難しくなってしまう。これを避けるためには，梅野氏に，裁判所で土地に関する処分禁止の仮処分をまず得ることを勧めるのが適切な助言ということになるかもしれない。

　さて，以上のような相談は適切な相談といえるだろうか。当事者はそれぞれ，法務局，裁判所に急ぐことになり，ADR手続に進むことはないかもしれない。受任を前提に法律相談を受ける場合はまだしも，ADRに前置された相談では，上記のような助言では，紛争を激化させ，ADR忌避を促す効果しか持たない。どこに問題があるだろう。

　いずれの助言も，法的観点のみからなされたものということができる。梅野氏と原口氏は，今後も隣人として生活していく関係にある。紛争の経緯にも，法的ポイント以外の様々な行き違いがある。そうだとすれば，上記のような助言の結果，訴訟に至ったとすれば，どちらが勝ったとしても社会的次元での紛争は激化し，隣人間での更なる紛争の引き金になる可能性が強い。現実にはADR前置の相談はもちろん，受任を前提とした純粋に党派的相談であったとしても，多くの法実務家は上記のような法的観点だけからの助言などしないと思われる。

　かといって，こうした法的知識を提供しないとすれば，調停過程に問題を先送りするだけであり，また適切な相談・助言とはいえないだろう。すなわち，法的観点からの助言のみの提供も，法的助言を提供しない相談も，いずれも不適切といわざるを得ないのである。

ここでは，法的観点を超えた紛争解決のために重要な観点を踏まえた，より十分な相談・助言が必要である。第1章で述べたように，社会的紛争は法的次元以外に，社会的財物の次元，人間関係の次元，感情の次元などが錯綜した複雑な構造を持っている。人間関係や感情などすべてを受け止め，総合的な観点から助言していくことが必要である。たとえば，法的にはこうした主張も可能だが，今後隣人としての関係を続けていくことを考えればそれでいいのか，など，紛争の生活へのあらゆる影響や効果を踏まえながら，当事者とともに一緒に考えていくような相談が望ましい。いわば，法律相談ではなく，紛争解決相談である。受任を前提とした法律相談でも，そうした対応が必要だが，ADR手続に前置された相談・助言では，とりわけそうした対応が重要といえるだろう。

　いまひとつ，付け加えておきたい点は，当事者としての適格性の問題である。原口氏は土地の購入予定者であるが，いまだ土地の所有者ではなく，土地についてのなんらの権限も今のところ有していない。この原口氏からの申立てを受け付けていいのかという問題である。裁判のように訴訟物という観点から見れば，申立ての権限は原口氏にはないだろう。しかし，社会的次元では，すでに購入は決定しており，矢野氏にも問題に関わる意図はない。社会的には，原口氏はもっとも適格な当事者にほかならない。裁判とは異なり，紛争の複雑な構造を扱えるADRであれば，どこまでこうした申立てを受け入れるべきか，この点もADRというものをどう捉えるか，その理念論によって考え方は異なってくるが，議論が必要な論点である。

➡　法律相談でなく，紛争解決相談の重要性
➡　ADRにおける当事者の適格性をどう考えるか

§5 — 合意の陥穽　　ロールプレイによる学習

▶1　ロールプレイ実施の手順

> ### 3名1組　90分

【1】　グループ分け（5分）

　まずグループ分けを行う。クラス全員が，3名1組で全員が参加し同時平行で進める方式と，代表の一組だけがロールプレイを実施し，他の受講者はそれを観察するという方式がありうるが，これについてはインストラクターの指示に従って進める。

【2】　役割配分（5分）

　グループが決まったら，グループ内で，役割を決める。本ロールプレイでは，損害賠償請求者・申立人（中谷正弘），温熱家電メーカー担当者・被申立人（高山俊一），およびメディエーターの3者である。

【3】　準備の注意点（10分）

　自分の役割の情報について，熟読する。共通情報については，全参加者が見てもよい。書籍という性格上，すべての役割の情報が以降のページに続けて掲載されているが，秘密情報なども含まれるため，自分の担当する役割の情報のみ熟読し，他の役割の情報は一切見てはならない。メディエーター役はメディエーター役用の情報のみで，当事者に準備された情報は見てはならない。

【4】　ロールプレイの実施（45分）

　机など場所を準備，設定した上で，メディエーターから申立人に促す形でセッションを開始する。ロールプレイは45分程度実施する。状況によって，必ずしも，最終合意に至らず，中途でもよい。

【5】　グループ振り返り（10分）

　終了後，各グループごとにディスカッションを行う。まず，各役割に与えられた特別な情報，秘密情報などを開示し，その上で，メディエーターの関与について，当事者役として迷った点などを手がかりに，事由に評価・議論する。

【6】　全体フィードバック（15分）

　インストラクターの指導の下，複数で実施した場合は，各グループごとの結

果や過程，問題点などを発表，共有し，全体で，その差異や問題点についてディスカッションする。また，代表チームのみが実施した場合は，インストラクターの指示のもと，観察者も交えて，結果，過程，メディエーターの関与の是非などをディスカッションする。いずれの方式で実施した場合でも，本テキストに記載の「振り返り論点」のページの内容を参考にするとよい。

【7】 その他の留意点

　ロールプレイであるため，現実にはやや考えにくい状況や誇張された内容が含まれている場合もあるが，教材として，その点は，ご海容願いたい。これらロールプレイは，主としては学生をその参加者として念頭においている。

▶2　役割別ロールプレイ資料

★資料　5－1　　調停人用情報

　　申立人はフリーターの中谷正弘，被申立人は温熱機器メーカータカ
ヤマデンキ（担当高山俊一）。
　　申立人が購入したファンヒーターから発火し，上に置いてあったノ
ートパソコンが壊れるなどの被害についての補償請求。被申立人から
申立人に対しては，ファンヒーターは新品と交換，さらにパソコンな
どの補償として10万円の提供の申し出が既になされているが，申立人
は満足しておらず，本件，申し立てに至っている。

　私は24歳のフリーターだが，昨年，タカヤマデンキ製の石油ファン
ヒーターを購入し，2年目の今年も使用していた。ところが，2週間
前に，突然，このファンヒーターが発火し，たまたまファンヒーター
の上にあったノートパソコンが燃えてしまったほか，カーテンも少し
焦がしてしまった。驚いたものの，部屋に備え付けられていた消火器
で消し止めることはでき，ペットの子犬のあいちゃんも無事で，被害
はそれだけですんだが，一つ間違えば火事になっていたかも知れない。
パソコンには重要なファイルも入っていたのにダメになってしまった。
　タカヤマデンキに連絡すると，「使用法に問題があった可能性も否定
できないが，気の毒であるしなんらかの補償はします」とのことだった。
先週，回答があり，ファンヒーターを新品に交換することと，パソコ
ンやカーテンも含め10万円を見舞金として補償するとのことだった。
　しかし，燃えたパソコンは5年前に買った旧式のものではあるが，
15万はするものだったし，それなりの新品を買うには20万は必要だと
思う。パソコンだって，機械そのものよりデータ喪失の被害が計り知
れない。10万円ではたいしたパソコンも買えないし，こんな額では納
得できない。あのまま火事になる可能性もあったわけだし，もっと誠
意を示して欲しいと思う。
　ADRセンターに申立て，タカヤマデンキと交渉することにした。

◇秘密情報　　調停の場では一切開示しない
　実は，もう一台パソコンを持っているので，パソコンについては困
っておらず，新しいものを買うつもりはない。それより，欲しいマウ
ンテンバイクがあり25万円ほどする。保証金をもらったらそれを買う
つもり。それが買える程度の補償は欲しいし，それがもらえるなら喜
んで合意したい。

　私は，小規模な温熱機器メーカー，タカヤマデンキの役員，といって
も小さな会社なので苦情担当も行っている。2週間前に，中谷さんから，
うちが販売したファンヒーターから発火し，上に置いていたノートパ
ソコンが壊れ，カーテンも焦げたので補償して欲しいとの連絡があっ
た。当社としては，ヒーターの上にパソコンを置くとか，カーテンの
近くに設置するとか，使用方法にも問題があり，中谷さん側にも落ち
度はあると言えるのではないかと思う。しかし，問題をあまり大きく
したくないし，発火が事実だとすれば誠意を持って対応したいと考え，
社内で検討の後，1週間前にファンヒーターの新品への取り替えに加え，
パソコンとカーテンについても見舞金として10万円を提供すると回答
した。それで解決すると思っていたら，今回，中谷さんからADRセン
ターに申立てられるに至った。それなりに誠意を持って対応したいと
考えている。額は増額してもよいが，その代わりネットへの書き込み
とか，弊社製品についての悪い情報を外部に出さないようにして欲し
い。

◇秘密情報　　調停の場では一切開示しない
　タカヤマデンキは，小さな会社だが業績も伸びており，いっそうの
成長のために重要な時期にある。会社としての評判をできる限りいい
ものに保っておきたい。実は，昨年販売したこの製品については，ほ
かにも6件ほど発火したとのクレームを，この間，受けてきている。
いずれも示談で穏便に済ませてきている。会社としても分析して問題
と思われる箇所を確認し，新しい製品はより安全に対応済みであるが，
販売済みのものについてはどうしようもない。これが欠陥ということ
になるとリコールなどが必要になり，小さなタカヤマデンキは，それ
だけで潰れてしまうだろう。今回も，表沙汰にすることなく，内々に
処理してしまいたい。
　相手方の中谷という人も，フリーターで少し金目当てのような雰囲
気を感じさせるが，それも逆に好都合かも知れない。ある程度の額は
出しても，内々に処理しよう。新品との交換の他に，30万円程度なら
出してもよいと考えている。早々に合意してしまいたい。

▶3　合意の陥穽：ロールプレイの論点

　本事案は，手続公正ではなく，社会的公正とADRにおける解決のジレンマを考えるための事案である。おそらく，このロールプレイでは，合意は比較的簡単に達成されたと思う。メーカー側は，製品の欠陥の可能性が喧伝され，大きな問題になるのを防ぐため，比較的寛容に賠償の支払いに応じるし，請求者の側も，バイク購入ための金銭へのニーズが第一であり，それに満足するからである。当事者間では，ある意味，ウィンウィンの解決になっている。

　ここで問題となるのは当事者間で満足のいく合意が形成されても，それが社会的に見た公正さとずれてしまう場合があるという点である。虐待などのケースでは，英米でも，メディエーターは対応を打ち切り，通報する場合もあるが，本事案では，製品の欠陥の可能性はかなり高いもののその確証はない。しかし，この製品の欠陥の可能性に触れず，賠償額と口止めを条件とする合意のみで終了した場合は，第二第三の被害発生の可能性を放置することになってしまう。

　英米の理念では，それでも当事者の自律的合意を重視するからよいということになるのか，あるいは日本のADRにおいても，こうした課題にどこまで踏み込めるのか，答えは定かでない。本当に調停人は，この合意を成立させていいのだろうか。いけないとすれば，どのような対処が可能だろうか？

　ADRは柔軟で多彩な解決ができるのが利点ではあるが，社会的に力のあるアクターが，問題を内々に処理する隠れ蓑として利用されてしまうリスクは常にある。こうした点も，ADRに一般的につきまとうジレンマの問題として，理解しておくことが必要であろう。

　➡　ADRにおける合意内容と社会的公正とのジレンマ

＊なお，ロールプレイ資料中の団体・人物名は，架空のものであることをお断りする。

第**8**章

統合的な紛争処理を目指して

§**1** ─法志向的ADRと脱司法的ADRの共存へ

　日本における「法的紛争解決手続としてのADR」という特異な法志向的考え方には，日本の法環境などを考えた場合，一定の理由があることはすでに述べた。もともとわが国では，裁判所内に設置された民事調停手続や家事調停手続，行政機関が設置する各種調停手続が一定の役割を果たしていたが，2007年のADR法施行後，日本スポーツ仲裁機構を皮切りに，100を越える民間の合意型ADR機関が設置された。法の趣旨にしたがって，多くの法律業務に関わる各種士業団体が認証ADR機関の設置者となっている。認証の際に，弁護士との連携が必須であることはいうまでもない。社会のトータルな紛争解決システムとしてみれば，わが国は，裁判とその周囲に法志向的なADRが存在している状況といえるだろう。

　これに対し英米を中心に海外では，裁判や法志向的なADR以外に，きわめて広範囲に日常的なもめごと解決のためのADR機関が設けられている。法的論点を含む問題であっても，法知識のないメディエーターが関与するADR手続も多く存在する。法的助言へのアクセスが容易であるという法環境ゆえに，それが可能であるのは事実としても，わが国でも，現在の法志向的なADRに限定することなく，裾野を広げて，より日常的に幅広い揉め事への解決支援を拡充していくこと考えてもよいだろう。

　とりわけ，ADRは裁判とは異なり，紛争の感情的側面や人間関係的側面の調整が課題となる場合が多い。そうであるなら，法的側面に踏み込まないことを条件に，メディエーション・スキルをもった一般人が対応するようなADRの設置を広く認めてもよいのではないだろうか。すなわち，ADR法のもとでの法志向的ADRと，より日常的な脱司法的ADRの共存という，英米等では当

たり前の状況である。

　しかもそれは，単なる共存ではなく，まず脱司法的ADRで感情的葛藤や人間関係的問題をかなりの程度まで調整したうえで，法的課題については，法志向的ADR手続にゆだねるなどの連携を可能にしてくれる。感情的・関係的対立がかなり調整されていれば，法志向的ADRでの手続進行も容易になり，合意も成立しやすくなるだろう。何も，これらをまったく別個の期間として設置する必要もない。ひとつのADR機関の中で，両者を並存させ，利用者の選択に委ね，必要なケースで連携する形を取ることも可能である。もちろん，いずれかに特化したADRが設置されてもよい。

　しかしながら，理念的には上記のような構図を想定することはできても，ここでさらに考えるべき状況要因がある。実は，ADR法施行後，設置された多くのADRにおいて，その利用はきわめて低調なままなのである。年間を通して，件数がゼロという機関も，かなりの数にのぼる。この現象は，どうとらえるべきだろうか。法志向的なわが国のADRの性格が，実は，国民に受け入れられていないということだろうか。もしそうだとすれば，脱司法的なより日常に即したADR手続を拡充すれば利用は活性化されるだろうか。

§2 ― ADR手続がなぜ利用低調なのか

実は問題は，より複雑で，回答は別のところにありそうである。ADR法施行後，設置されたADR機関の中には，脱司法的な性格を取り入れ，英米流の同席による対話促進型メディエーションに基づく支援を行おうとするものも，かなり存在している。そうしたADR機関においても，利用が低調であることに変わりはない。単に，手続が法志向的で重いからとか，機関への信頼がないとかいうだけではないのである。

　この点への回答を求めるためには，国民の紛争行動の特徴を検証してみる必要がある。仮説の域を出ないが，わが国では，よほどのことがない限り，当事者が紛争状況を外部に開示すること自体が少ないのではないだろうか。従来，日本人は訴訟嫌いであるといわれてきたが，実は，よほどの例外を除いて，紛争状況を開示すること自体を忌避する文化的行動特性が存在するのかもしれない。訴訟のみならず，第三者紛争解決手続に紛争を持ち込むこと自体を回避し

ようとする傾向である。

　もしそうだとすれば，訴訟回避が法意識など文化的要因によるものか，弁護士の少なさや裁判所の機能不備など制度的要因によるものかという問題の立て方自体，不適切ということになろう。基盤に，紛争状況の開示回避，すなわち第三者紛争解決手続の利用回避という文化的傾向があり，その上で，いざ利用を考える際には，制度的障壁が作用するという構図が存在すると考えることも可能である。

　英米では，わが国との比較では，紛争状況が発生した比較的早い段階で，第三者手続の動員がなされているといえる。こじれる前に，予防的にADR機関が利用されることもある。すなわち，紛争状況を第三者に開示することについて大きな抵抗はなく，利用する場合には，両当事者とも，紛争状況を調整するために，そのサービスを利用するのだという意識のもとで活用しているのである。紛争解決手続は，まさに紛争解決手続として，意識され利用されている。このことは,訴訟についてさえあてはまる。アメリカは訴訟大国といわれるが,実は公判手続まで進行するのは約5％に過ぎない。ほとんどのケースは，準備手続の段階で和解に至る。実は，訴訟さえ，自律的紛争解決のためのきっかけとして活用されているといえなくもない。

　これに対し，わが国では，訴訟は当然に公判手続への進行が想定されているし，紛争解決機関のイメージや捉え方も異なっている。訴訟のほとんどが人格訴訟といわれるように，個人の場合，紛争解決というより，相手方への攻撃手段として利用されることもある。ADRも同様である。紛争状況に直面して，早い段階からADRを利用するパターンは，わが国では考えにくい。第三者機関に開示することを回避しつつ，紛争が次第にエスカレートし，感情的にもつれ，どうしようもなくこじれた段階になって，ようやくADR機関に持ち込まれるというのが一般的であろう。訴訟と同様，ADRへの申立て自体が，解決のためというより，相手方への心理的攻撃手段として想定されているような場合もある。そのことが，また，対立が激しくない段階でも，ADR機関利用の回避にもつながってしまう。

　こうした日本人の紛争行動を前提とすれば，法志向的ADRでも，脱司法的ADRでも，同様に，紛争解決手続として，積極的に活用するという状況にはないといわざるを得ない。脱司法的ADRを拡充しても，ADR利用の活性化には，ただちにはつながらないかもしれないのである。

しかし，いうまでもなく，社会内に紛争状況は数多く存在している。ADR
すら利用されないとすれば，それらの紛争の解決が非常にゆがんだ形で放置さ
れていることも考えられる。社会学的には，社会全体の紛争処理システムのベ
ースに，当事者間の交渉があり，さらにその背後には，きわめて多数の「泣き
寝入り」や「要求放棄」などが存在するとされている。社会学的には，この泣
き寝入りや要求放棄も，社会の混乱を防ぐ重要な機能を果たしているとされる。
確かに，ありとあらゆる問題が，瑣末なものまですべて対立として顕在化すれ
ば，社会の安定は成り立たない。しかし，それでも，受忍すべき泣き寝入りや
要求放棄と，何らかの手当てがあってしかるべき，不当な泣き寝入りや要求放
棄が存在することは否定できない。紛争状況の開示を回避し，第三者機関を利
用しないわが国の国民の間には，こうした不当な泣き寝入りや要求放棄が多数
放置されている可能性がある。

　こうした紛争行動の特性がある中では，第三者ADRをいくら設置しても，
利用されないままなら状況の改善は図れない。そこで，考えられるのが，
ADRの手続モデルを，そのまま現場にビルトインしていく方向である。いわば，
ADR手続が社会内部に埋め込まれ，浸透していくというイメージである。

§3 ── 医療メディエーションの成功例に学ぶ

　実は，こうした試みはすでに成功例がある。医療メディエーションである。
近年，医療の現場では，患者からのクレームや，事故をめぐる対立状況が過激
化してきている。患者側からみれば，専門的集団である病院を相手に知識もな
いところで苦情を提起したり，交渉したりことはきわめて困難である。医療側
も，患者側の知識の欠如による誤解や時には攻撃的な主張に対応することは，
心理的にもストレスであり，時間的にもコストがかかり，本来の医療に割くべ
き労力を浪費する悪循環を引き起こしかねない。かといって，わが国では，簡
単に第三者機関に持ち込んだり，弁護士を活用するといった形にならない。そ
の結果，患者側があきらめ泣き寝入りに甘んじたり，逆に，患者がすでに急性
期医療は必要ないのに退院せず病院に居座ったりといった状況も，しばしば見
られる。

　そこで，法的問題以前の医療に関わる説明や感情的コンフリクトの低減を目

的として，事故やクレーム直後に，対話促進メディエーションのスキルを持つ院内メディエーターが，患者と医療者との間に入り，専門的説明の理解や背景情報の共有による感情的コンフリクトの解消を促していくというアプローチが，現在普及している。あくまでも初期対応として，説明の理解と，患者の気持ちの受け止め，相互理解の促進が目的で，賠償額の交渉など法的論点が関わる問題にはいっさい関与しない。合意形式さえ目的ではなく，対話の支援のみが目的である。院内の職員ではあるが，英米のメディエーションの前提として，一切評価・判断を行わず，見解の提示もしない対話の支援役に徹するため利益相反的な問題も生じない。こうした試みを医療側に有利に作用するものと短絡的に理解するのは誤りである。もし，そうであれば，病院内のソーシャルワーカーなど患者の利益のための職務を果たす職員すべてにも，同様の論理が当てはまることになる。

　ほぼ同様のしくみは，アメリカでは，ミシガン大学関連病院，カイザーパーマネンテ（保健機構のひとつ），海軍病院などでも採用されているし，台湾では日本の成功を受けて，同様の仕組みが移植されている。イギリスなどでも，同様の試みがなされている。わが国では，こうした人材を備えている病院には，診療報酬が加算されるなど公的にも認められた制度となっている。

　医療事故が起こった際に，遺族側は大きな心理的混乱を経験し，感情的になるのは自然なことである。他方の医療者も，実は大きな精神的ショックを受け，トラウマ的な状況に陥っていることが多い。こうした感情を共感的に受け止め，両者が少しでも落ち着いた形で対話ができるよう支援する役割であり，いわば，紛争の感情的側面，関係的側面だけに焦点を合わせたファーストエイド的関与である。この感情的・関係的コンフリクトが一定程度調整されれば，その後は，患者側と病院との弁護士等を交えた交渉，あるいは医療ADRに場を移し，法的側面を踏まえた解決がなされていく。法的交渉や医療ADRでの手続も，激しい感情的対立が解消されていれば，スムーズに進行することが考えられる。

§4——現場に埋め込まれたメディエーション

　このように現場に埋め込まれたメディエーション・プロセスが，その後の法的交渉や第三者ADRと連携し機能分担することで，不当な泣き寝入りや要求

放棄が放置されている現状の改善に貢献することになろう。わが国の国民の紛争行動を前提とすれば，このような現場へのメディエーション・スキルによる初期対応モデルの埋め込みは，ADRを含む社会のトータルな紛争処理システムの機能化にもっとも適した方策ではないだろうか。現場での初期対応で，一定の感情的コンフリクトの調整がなされ，その過程の中で，第三者ADRの活用の利点の理解や抵抗感の解消も促され，結果的に，ADRの活性化にもつながっていくと思われるからである。

　同様の試みは，教育の現場や介護の現場をはじめ，様々な業界にも適合するであろう。いわば，「待つADR」から「入り込むADR」への転換といえるかもしれない。

　さらに，業界ではなく個人についても，将来的な行動変容のためのメディエーション・スキル活用の可能性は考えられる。アメリカ，イギリス，ドイツなどで，実は小学生や中学生にメディエーションのスキルが，学校で教育されている。ピア・メディエーション（Peer Mediation）というが，無数にテキストも刊行されており，紛争解決スキル教育が，当たり前の光景になっている。わが国では，法教育の普及が提言されているが，そのほとんどは，法的知識の教育である。それよりも，英米等と同様，紛争解決スキルの教育を行うほうが，人々の紛争行動の変容に貢献し，紛争処理システムの有効な利用にもつながっていくように思われる。

　わが国の統合的な紛争処理システムの活性化を目指すならば，①基盤としての紛争解決教育，②現場に埋め込まれた紛争解決スキル，③脱司法的ADR，④法志向的ADR，が機能的に連携していくようなモデルが考えられる。わが国ADR政策は，これまで，④のみを念頭に置いてきたが，ADRの実効化と，社会の公正さの確保のためには，①，②の充実こそが，将来的な方向性であるべきではないだろうか。

▶引用・参考文献

Baruch-Bush, Robert A. & Folger, Joseph P.(2004)*The Promise of Mediation: The Transformative Approach to Conflict, Revised ed.*, Jossey-Bass

Boulding, Kenneth Ewart(1962)*Conflict and Defense: A General Theory*（邦訳，ボウルディング，ケネス・エワート（1971）『紛争の一般理論』〔内田忠夫・衛藤藩吉訳〕ダイヤモンド社）

John L. Comaroff and Simon Roberts(1956)*Rules and Processes: The Cultural Logic of Dispute in an African Context*, University of Chicago Press

コールマン，ピーター，ファーガンソン，ロバート（2020）『コンフリクト・マネジメントの教科書：職場での対立・紛争を創造的に解決するスキル』（東洋経済新報社）

Coser, Lewis(1956)*The Functions of Social Conflict*, NewYork, The Free Press 1956（邦訳，ルイス，コーザー（1978）『社会闘争の機能』〔新睦人訳〕新曜社）

Dahrendorf, Ralf(1959)*Class and Class Conflict in Industrial Society*（ダーレンドルフ，ラルフ（1964）『産業社会における階級および階級闘争』〔富永健一訳〕ダイヤモンド社）

ドイッチュ,モートン他（2003）『紛争管理論』（日本加除出版）

Follett, Mary Parker(1951)*Creative Experience*(Classic Reprint)Peter Smith Pub Inc.（邦訳，フォレット,メリー・パーカー（2017）『創造的経験』〔三戸公監訳〕文眞堂）

Gergen, Kenneth J.(1994)*Realities and relationships: Soundings in social constructionism*, Cambridge, Mass. Harvard University Press.（邦訳，K. J. ガーゲン（2004）『社会構成主義の理論と実践』〔永田素彦・深尾誠訳〕ナカニシヤ出版）

Gibbs Jr.,James L.(1963), The Kpelle Moot: A Therapeutic Model for the Informal Settlement of Disputes, *Africa vol.33, no.1.*

Gluckman, Max(2012)Politics, *Law and Ritual in Tribal Society*, Routledge

Gulliver, P. H.(2013)*Social Control in an African Society*, Routledge

廣田尚久（2010）『紛争解決学講義』（信山社）

入江秀晃（2013）『現代調停論──日米ADRの理念と現実』（東京大学出版会）

川島武宜（1967）『日本人の法意識』（岩波新書）

久保秀雄（2009）「司法政策と社会調査──ADR運動の歴史的展開をめぐって」鈴木秀光他編著『法の流通』（慈学社）

レヴィン，クルト（2017）『社会的葛藤の解決』〔猪俣佐登留訳，復刻版〕（ちとせプレス）

レヴィン，クルト（2017）『社会科学における場の論理』〔末永俊郎訳，復刻版〕（ちとせプレス）

レビン小林久子（2004）『調停へのいざない』（日本加除出版）

Monk, Gerald D. & John, Winslade(2013)*When Stories Clash: Addressing Conflict with*

Narrative Mediation（邦訳，モンク，ジェラルド＝ウィンズレイド，ジョン（2014）『話がこじれたときの会話術——ナラティヴ・メディエーションのふだん使い』〔池田真依子訳〕北大路書房

Moore, Sally Falk（2009）*Social Facts and Fabrications: "Customary" Law on Kilimanjaro, 1880-1980*, Cambridge University Press

Nader, Laura & Todd Jr. Harry F.（1978）*The Disputing Process: Law in Ten Societies*, Columbia University Press

中村芳彦・和田仁孝（2006）『リーガル・カウンセリングの技法』（法律文化社）

中西淑美（2012）『医療メディエーションと実践者教育』医療コンフリクト・マネジメント1号

太田勝造・垣内秀介編／ADR調査研究会著（2018）「利用者からみたADRの現状と課題」日弁連法務研究財団編『法と実務vol.4』（商事法務）

Parsons, Talcott（1951）*The Social System*, Free Press（邦訳，パーソンズ，タルコット（1974）『社会体系論』〔佐藤勉訳〕青木書店）

Parsons, Talcott et al.（1955）*Family: Socialization and Interaction Process*, Free Press（邦訳，パーソンズ，タルコット（2001）『家族』〔橋爪貞雄他訳〕黎明書房）

Radcliffe-Brown, A.R.（1965）Structure and Function in Primitive Society（邦訳，ラドクリフ＝ブラウン，アルフレッド（2002）『未開社会における構造と機能〔新版〕』〔青柳真智子訳〕新泉社

Scanlon, Kathleen M.（2005）『メディエーターズ・デスクブック：調停者への道』（三協法規出版）

鈴木有香（2004）『交渉とミディエーション——協調的問題解決のためのコミュニケーション』（三修社）

和田仁孝（1994）『民事紛争処理論』（信山社）

和田仁孝編（2007）『ADR——理論と実践』（有斐閣）

和田仁孝監修，安藤信明・田中圭子（2015）『調停にかかわる人にも役立つメディエーション入門』（弘文堂）

和田仁孝・中西淑美（2011）『医療メディエーション——コンフリクト・マネジメントへのナラティヴ・アプローチ』（シーニュ）

和田仁孝・大塚正之編（2018）『家事紛争解決プログラム概要——家事調停の理論と技法』（司法協会）

Winslade, John & Gerald D., Monk（2000）*Narrative Mediation: A New Approach to Conflict Resolution*, Jossey-Bass（邦訳，ウィンズレイド，ジョン＝モンク，ジェラルド（2010）『ナラティヴ・メディエーション——調停・仲裁・対立解決への新しいアプローチ』〔国重浩一・バーナード紫訳〕北大路書房）

Winslade, John & Monk, Gerald D.（2008）*Practicing Narrative Mediation: Loosening the Grip of Conflict, 2nd ed.*, Jossey-Bass

吉田勇（2011）『対話促進型調停論の試み』（成文堂）

▶人名・事項索引

❖著者紹介（執筆分担）

和田　仁孝　（わだ・よしたか）　第1章，第5章〜第8章
　　早稲田大学大学院法務研究科教授，日本医療メディエーター協会代表理事

中村　芳彦　（なかむら・よしひこ）　第2章
　　弁護士

山田　恵子　（やまだ・けいこ）　第3章
　　西南学院大学法学部准教授

久保　秀雄　（くぼ・ひでお）　第4章
　　京都産業大学法学部准教授

ADR／メディエーションの理論と臨床技法
Theory and Clinical Skills on ADR/Mediation

2020年10月10日　初版第1刷印刷
2020年10月20日　初版第1刷発行

著　者　　和田仁孝・中村芳彦
　　　　　山田恵子・久保秀雄

発行所　　(株)北大路書房
　　　　　〒603-8303　京都市北区紫野十二坊町12-8
　　　　　電　話　(075)431-0361(代)
　　　　　FAX　(075)431-9393
　　　　　振　替　01050-4-2083

企画・編集　　秋山　泰（出版工房ひうち：燧）
装　丁　　上瀬奈緒子（綴水社）
印刷・製本　　(株)太洋社

ISBN 978-4-7628-3130-0　C3032　Printed in Japan ©2020
検印省略　落丁・乱丁本はお取替えいたします。

❖ 和田仁孝　著　　法臨床学への転回　　全3巻 ❖

▶A5判，横組　上製・カバー巻　各巻280〜320頁

第1巻　　法の権力とナラティヴ　　　　　　　　本体5000円　既刊

Narrative and Power in Law:

Turn towards Clinical Jurisprudence　Vol.1

解釈法社会学をさらに深化させ学範を越境。「臨床」という語の含意と価値を，理論的・批判的・実践的に更新し，「法臨床学」へと舵を切る。〈法〉の語りの抑圧性を検証しつつ「臨床」をとらえ直す。

第2巻　　紛争過程とADR（仮題）　　　　　　　　　　《近刊予定》

Process of Dispute and Alternative Dispute Resolution:

Turn towards Clinical Jurisprudence　Vol.2

紛争と紛争への対処の在り方をめぐる研究。紛争は，法に限らず社会の中に遍在し，だれもが経験する過程であるが，この紛争という現象をどうとらえるか，紛争に巻き込まれた当事者の心理を基盤に，そこからあるべき紛争交渉支援を模索していく。

第3巻　　過程としての裁判と弁護士（仮題）　　　　　《近刊予定》

Lawsuit as a Process and Role of Lawyers:

Turn towards Clinical Jurisprudence　Vol.3

権力的紛争解決メカニズムである裁判が，現実に果たしている機能を社会背景の中で再定位し，それと連動する弁護士の社会的役割，また訴訟における当事者本人の位置づけについても，あくまでも社会に生きる当事者本人の視点や動きを前提に検証していくアプローチ。

北大路書房